“十三五”国家重点出版物出版规划项目

# 中国史前遗址博物馆

ZHONGGUO SHIQIAN YIZHI BOWUGUAN WENMINGSHUGUANG NIUHELIANG JUAN

# 文明曙光

丛书主编　王仁湘　吴　健　张礼智

本册主编　盖丽艳

# 牛河梁卷

陕西新华出版传媒集团
陕西科学技术出版社
——— 西安 ———

图书在版编目（CIP）数据

文明曙光：牛河梁卷 / 盖丽艳主编 . —西安：陕西科学技术出版社，2020.9（2021.1 重印）
（中国史前遗址博物馆）
ISBN 978-7-5369-7746-4

Ⅰ . ①文 ... Ⅱ . ①盖 ... Ⅲ . ①新石器时代文化—文化遗址—研究—朝阳 Ⅳ . ① K878.04

中国版本图书馆 CIP 数据核字（2020）第 071712 号

中国史前遗址博物馆 文明曙光 牛河梁卷

盖丽艳 主编

出 版 人 崔 斌
策划编辑 李 栋
责任编辑 赵文欣
责任校对 赵爱玲
封面设计 曾 珂
监 制 张一骏

出版者 陕西新华出版传媒集团 陕西科学技术出版社
西安市曲江新区登高路 1388 号陕西新华出版传媒产业大厦 B 座
电话（029）81205187 传真（029）81205155 邮编 710061
http://www.snstp.com
发行者 陕西新华出版传媒集团 陕西科学技术出版社
电话（029）81205180 81206809
印 刷 陕西金和印务有限公司
规 格 889mm×1194mm 16 开
印 张 9.75
字 数 175 千
版 次 2020 年 9 月第 1 版
印 次 2021 年 1 月第 2 次印刷
书 号 ISBN 978-7-5369-7746-4
定 价 138.00 元

# 序

文物是人类在历史发展过程中遗留下来的遗物、遗迹。它是人类宝贵的历史文化遗产，是反映各个历史时期、不同地域人们的生产和生活，包括衣食住行、婚丧嫁娶、祈福祭祀、与外界的互动，乃至内心活动等物质和精神生活的表现，在制造和使用的当时起着活生生的作用，但是一旦埋入地下便成了一件件死物。在地下沉寂若干岁月后，这些文物一旦被人们发现，再经考古工作者发掘、整理和研究，便立刻恢复生机，生动地展现其活生生的一面，帮助人们了解其被制造和使用的情况、当时的社会和自然环境，以及人们的社会生活、日常起居等方方面面的鲜活细节。将若干有联系的遗址的文物联系起来，就能复原各种文化现象的起源、发展、变化、转型、交流乃至消亡的过程和其中的历史规律。文物便发扬出“人气”，起到了“由物到人”的作用。但是，此时文物的作用范围还局限于学术圈内，影响有限。

文物一旦作为展品通过博物馆进入观众的视野，其影响面便得以扩大，通过说明词和讲解员的生动讲述，一件件文物所体现的历史内涵组成一幅幅生动的历史画面，增长观众的知识，启迪有心人的思想，对他们为人处世的态度和原则，乃至人生观和世界观的形成就会起到或大或小的作用，此时的文物更显得生机盎然，其对现实社会的重要性更加得以凸显。



现今，我国大多数人们生活小康乃至富裕，有条件参观许多博物馆，但是毕竟很难在短时间内遍历众多遗址。中国博物馆协会史前遗址博物馆专业委员会组织编写的《中国史前遗址博物馆》丛书，汇集了全国诸多重要史前遗址博物馆丰富的馆藏资料，用通俗易懂的文字，将各遗址的发现、发掘过程，各博物馆的历史沿革和发展历程娓娓道来，还将各遗址的遗迹和出土文物以及其他展品以图文并茂的方式生动地还原出来，以展现我国先民的物质生活和精神生活，引领读者走进尘封已久的岁月，感受我中华文化的深厚。

值此丛书即将付梓之时，西安半坡博物馆张礼智馆长嘱我为之作序。我虽俗务缠身，不能遍读样稿，但希望、也相信本丛书能帮助众多文物为更广大的人民大众展现它们的活力，有益于提高人民大众的家国情怀、文化自信，使其建立唯物主义的历史观和世界观，故勉力作序如上，供读者参考。

**中国科学院院士　吴新智**

2018年1月3日

# 陪你穿越到史前

人类的历史，可以分作史前史和文明史两个阶段。文明史并不难理解，它是人类有确切记载的历史。很多人也许并不很了解史前史的概念，史前的要义是指文明史之前的人类历史，是没有记载的远古历史，从人类诞生起，到有记述的历史止，便是史前史。

曾经有人将地球的45亿年的历史压缩成1天，计算出晚上11点时，恐龙慢悠悠地登上舞台，支配世界也只有半个多小时。午夜前20分钟，哺乳动物的时代开启，人类在午夜前1分钟出现，而文明史不过是几秒钟的时长而已。我们要说的史前史，也就是那么1分钟。

文明起源在时间上最早不过8000年前，这只占人类史的1%都不到，如果将人类起源后的300万年全史压缩成1天，也就差不多是2分多钟。而且，关于人类起源的历史上限还在往前提，这个2分多钟的文明史基本可以忽略不计。那么，整个300多万年甚至更长的史前史，经历了一个怎样的发展过程呢？

这个过程经历了——

人类诞生与进化，从猿到人，经历猿人类、原始人类、智人类、现代人类4个进化阶段。



人类社会产生与发展，由婚姻组成家庭，由氏族社会进入等级社会。

人类发明了用火和造火技术，由吃生食转变到吃熟食。

逐渐掌握制作工具技术，经历了旧石器时代和新石器时代。

发明农业种植和家畜饲养业，从采集游猎经济转入农业和畜牧经济。

发明建筑技术，由自然洞穴居所进入人工建筑居所，由时常迁徙进入定居生活。

因血缘氏族形成聚落，又因部落联盟筑城而居。城邑居民因产业出现分工，因贫富形成等级，因社会复杂化导致邦国建立，千城星罗，万邦林立。

逐渐形成埋葬死者的墓葬制度，信仰祖先神崇拜，这是史前造神运动的开始。

发明制陶技术，提升了烹调水准。发明煮盐，有了基本的调味品，促进了体格健康。发明酿酒技术，主要用于祭祀仪式。

艺术由萌芽到发展，刻画和雕塑艺术渐趋成熟，彩陶奠定了史前至历史时期的艺术传统，这是由造神运动掀起的艺术浪潮。

琢玉由装饰器转向礼器制作，将造神运动推向又一个高潮，这是东方独有的文化传统。

中心城邑出现，宏大的治水工程见诸实施，建构起初级国家管理机构。

最后，人类终于走出混沌，文明诞生，王权与神权结合，国家出现。

我们所知的中国史前时代，也许只是大略知道旧石器时代和新石器时代，不知道还有这样丰富的内容，不知道还有如此久远的历史。

如此久远的年代，我们如何了解它？

古代的先贤，也曾考究过这古老而漫长的时代，并留下了一些神话与传说，三皇，五帝，便是那个传说时代的主人。对于史前更多的细节，那时代真实的面貌，他们不可能有真切的了解。

我们当然不能总是陶醉在传说时代，内心希望有真凭实据来说话。

现在我们不必着急了，有考古学家做向导，他们可以带我们穿越到史前。我们可以直接进入智人居住过的洞穴，可以直接进入新石器时代居民的废墟，可以发现史前真实存在过的许多场景与细节。

虽然年代如此久远，但那也是一个看得见摸得着的时代。考古学家通过考古发掘，发现了一个个史前遗址，那是史前先民生活过的地方。这遗址上保存着先民的创造，石器陶器依然那样精致。大大小小的茅屋，深深浅浅的火塘，似乎还有袅袅飘起的炊烟。排列整齐的墓穴，各种各样的随葬品，似乎隆重的葬仪刚刚结束。在遗址里我们可以发现史前人的所作所为、所思所想，甚至还可以从他们留下来的艺术品中，揣摩先祖们当初的情怀与梦想，还有对宇宙的观察与理解。

考古学家将丰富的史前文化遗存揭示出来，将一些重要的遗址保护起来，兴建遗址博物馆向公众展示这些发现，兴建遗址公园供公众访古游览。在中国，目前这样的博物馆已经建起 20 多座，数量还在逐年增加。

这些史前遗址博物馆各有特色，有旧石器和新石器的时代区别，也有南北地域的不同。有的是城址，有的是大型居址，也有的是墓地。在建设遗址博物馆的同时，有的还建成了国家考古遗址公园。

例如属于旧石器时代及古人类遗址的博物馆，有北京周口店北京人遗址博物馆、南京直立人遗址博物馆，还有柳州白莲洞洞穴科学博物馆。

属于新石器时代仰韶文化的博物馆，有陕西西安半坡博物馆、宝鸡北首岭博物馆、河南渑池仰韶文化博物馆和郑州大河村遗址博物馆。

东北区域有辽宁沈阳新乐遗址博物馆、阜新市查海遗址博物馆、凌源牛河梁红山文化遗址博物馆、内蒙古敖汉旗红山文化博物馆。

各地属于新石器早中期的遗址博物馆有广西桂林甑皮岩遗址博物馆、浙江萧山跨湖桥遗址博物馆、余姚市河姆渡遗址博物馆和甘肃秦安大地湾遗址博物馆。

属于新石器时代晚期的遗址博物馆有杭州良渚博物院、济南城子崖遗址博物馆、青海乐都柳湾彩陶博物馆、民和喇家遗址博物馆和福建昙石山遗址博物馆。

这样多的史前遗址，这样多的遗址博物馆与遗址公园，对于大多数人来说，都走上一遍是不太可能的。但是，我们现在有了这样一套《中国史前遗址博物馆》丛书，便可以弥补这个缺憾：你暂时走不到的博物馆，在丛书中可以读到；你也可以先由丛书寻找出你感兴趣的博物馆，有目标、有选择地去参观游览。

这套丛书的编写和出版，充分考虑到读者的需求，资料科学可靠，文字比较平实，印制也很精美。这套丛书，一册就是一位导游，也是极好的导览。或者可以说，这套丛书就是一张张请柬，就是一个个约定，邀你一起穿越到久远的史前，去探访先人居住过的地方，去历史长河的源头观赏一道道神秘的风景。

每走进一座史前遗址博物馆，相信你都会有不一样的收获。每一座博物馆，都有不一样的风景。当你从一座座史前遗址博物馆出来时，一定会对过去了然于胸，对现在信心倍增，对未来有更多期待。

就这样约定了，让我们一起走进史前遗址博物馆，去见识那久远的岁月，去会一会史前先民。



**中国社会科学院考古研究所研究员　王仁湘**

2018 年春节于北京

# 文明圣地·牛河梁

牛河梁，因牤牛河源出山梁东麓而得名，因红山文化遗址的发现而震惊中外考古界。这片古老的圣地，不仅承载了红山文化的灿烂与辉煌，更烙下了中华五千年文明史最初的印记。

牛河梁遗址属于新石器时代晚期的红山文化，距今 5500 ～ 5000 年，是一处由女神庙、祭坛、积石冢组成的巨型礼仪建筑群。

女神庙是中国目前发现的最早的宗庙遗址，是迄今为止发现的红山文化时期规模最大、等级最高、信仰表达最突出的祭祀场所。庙内出土了一尊珍贵的女神头像，原中国考古学会理事长苏秉琦先生在分析牛河梁女神像时说："她是红山人的女祖，也就是中华民族的共祖。"

祭坛有圆有方，展现了红山人天圆地方的宇宙观，其中的 3 层同心圆式祭坛堪称后世天坛的鼻祖。

积石冢有固定的形制和规格，冢内墓葬类型多样、等级鲜明，中心大墓规格最高，凸显了墓主人"一人独尊，王者至上"的崇高地位。

墓葬唯玉为葬，出土了大量以"龙、凤、人"为题材的精美玉器，体现出红山人"以玉礼神"的精神信仰。

这些极其丰富和珍贵的考古资料，向人们展示了 5500 年前西辽河流域红山古国的社会形态、文化观念、等级制度、祭祀和埋葬体制，苏秉琦先生在考察牛河梁遗址后说："红山文化坛、庙、冢，中华文明一象征。"证明了 5500 年前，即红山文化晚期时牛河梁的社会形态就已经发展到古国阶段，此时的先民已经步入初级文明社会，率先在中华大地上开始了文明之旅。

牛河梁遗址作为东亚区域人类早期文明阶段的精神圣地，它的发现对中国上古时代的社会发展史、思想史、宗教史、美术史、建筑史的研究都产生了重大影响：它是中华文明起源和形成的重要源泉之一，更是中华民族五千年文明史的有力物证。

2008 年，为了更好地保护这处文明圣地，国家文物局和辽宁省人民政府决定以牛河梁遗址 8 平方千米的核心区为依托，启动建设牛河梁国家考古遗址公园；2013 年，被正式列入第二批国家考古遗址公园名单；2014 年，牛河梁国家考古遗址公园正式挂牌运行。

2020年是牛河梁遗址发现39周年、牛河梁国家考古遗址公园运行6周年，在这样一个具有纪念意义的时间节点，能够在中国博物馆协会史前遗址博物馆专业委员会的组织下，编写《中国史前遗址博物馆·文明曙光·牛河梁卷》，与众多史前遗址博物馆共同携手展示中华文化的悠久绵长，书写中华文明的璀璨篇章，极具意义。

朝阳牛河梁遗址博物馆馆长 王轩龙

# 目　　录

contents

# 第一章

# 石破天惊

牛河梁遗址自1981年被发现以来，以其极其丰富的考古实物资料证明了早在5500年前的红山文化晚期，辽西先民已经步入初级文明社会，率先在中华大地上开启了文明之旅。

# 牛河梁

辽宁省朝阳市有一座连绵起伏的山岗，东西长约 10 千米、南北宽约 5 千米，山岗上有规律地分布着红山文化时期的祭坛、女神庙和积石冢。目前，这里已发现红山文化时期遗址点 43 处，它们组成了一个独立于居住区以外、规模宏大的史前祭祀遗址群，被称为“牛河梁遗址”。那么，牛河梁之名由何而来？

## 地理位置

牛河梁遗址位于辽宁省朝阳市下辖的凌源市与建平县的交界处，从更大范围看，这里处于辽宁、河北、内蒙古的交界区，又是蒙古高原向华北平原过渡的南缘，以及东北地区向西通往北方草原的前沿地带。

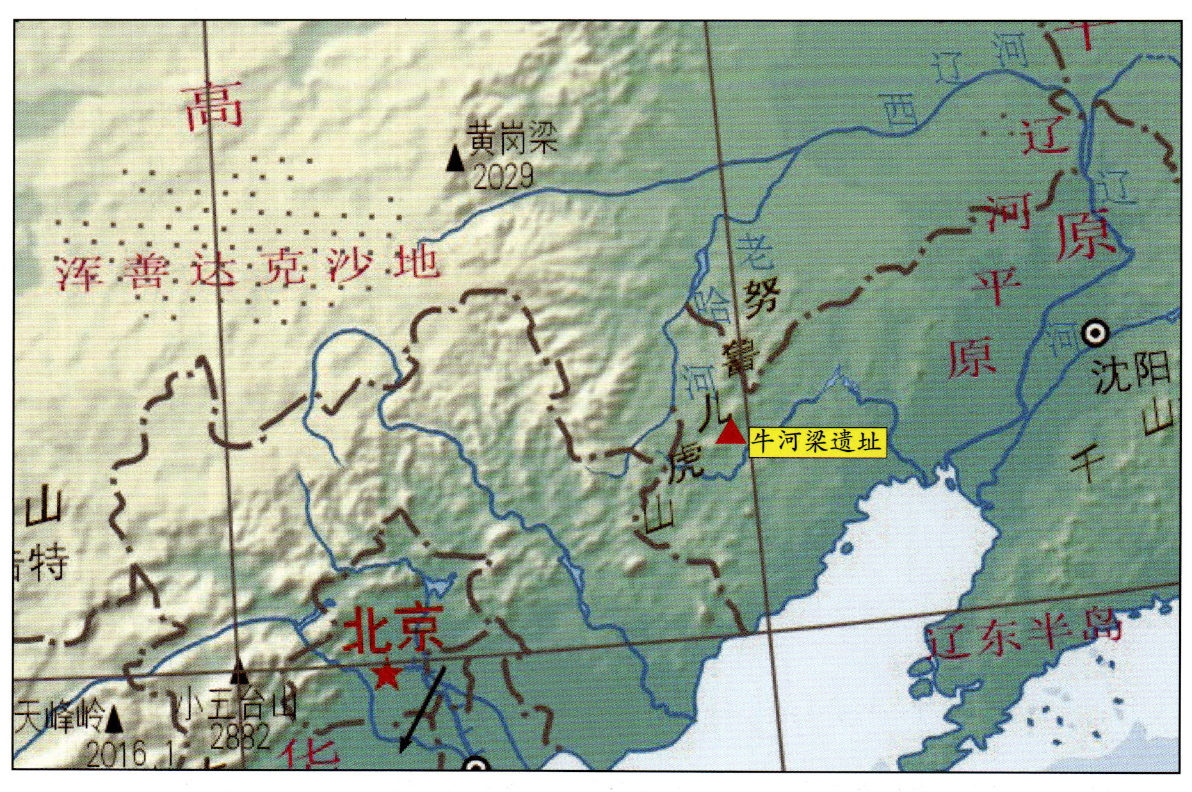


牛河梁遗址位置图

努鲁儿虎山的南端是东北—西南走向的宽阔山谷和山谷间的多道山梁，这是辽西地区较为典型的半山地、半丘陵自然地貌特征。山梁蔓延10余千米，其中，位于山谷中部的山梁较宽且高，是从建平县富山（原瓦房店）至凌源市三官甸子之间由东西两个方向逐渐向中部抬升隆起，形成北高南低、东北—西南走向的漫长山梁，即当地人所称的“牛河梁”。这里不止一两道山梁，而是分布着高低相间的多道山梁。牛河梁最先发现的遗址点位于牛河梁南部山梁顶部，即牛河梁遗址第二地点，之后在牛河梁及其周围更大范围内发现了多处遗址，这些遗址后来都以“牛河梁”冠之，通称为牛河梁遗址。

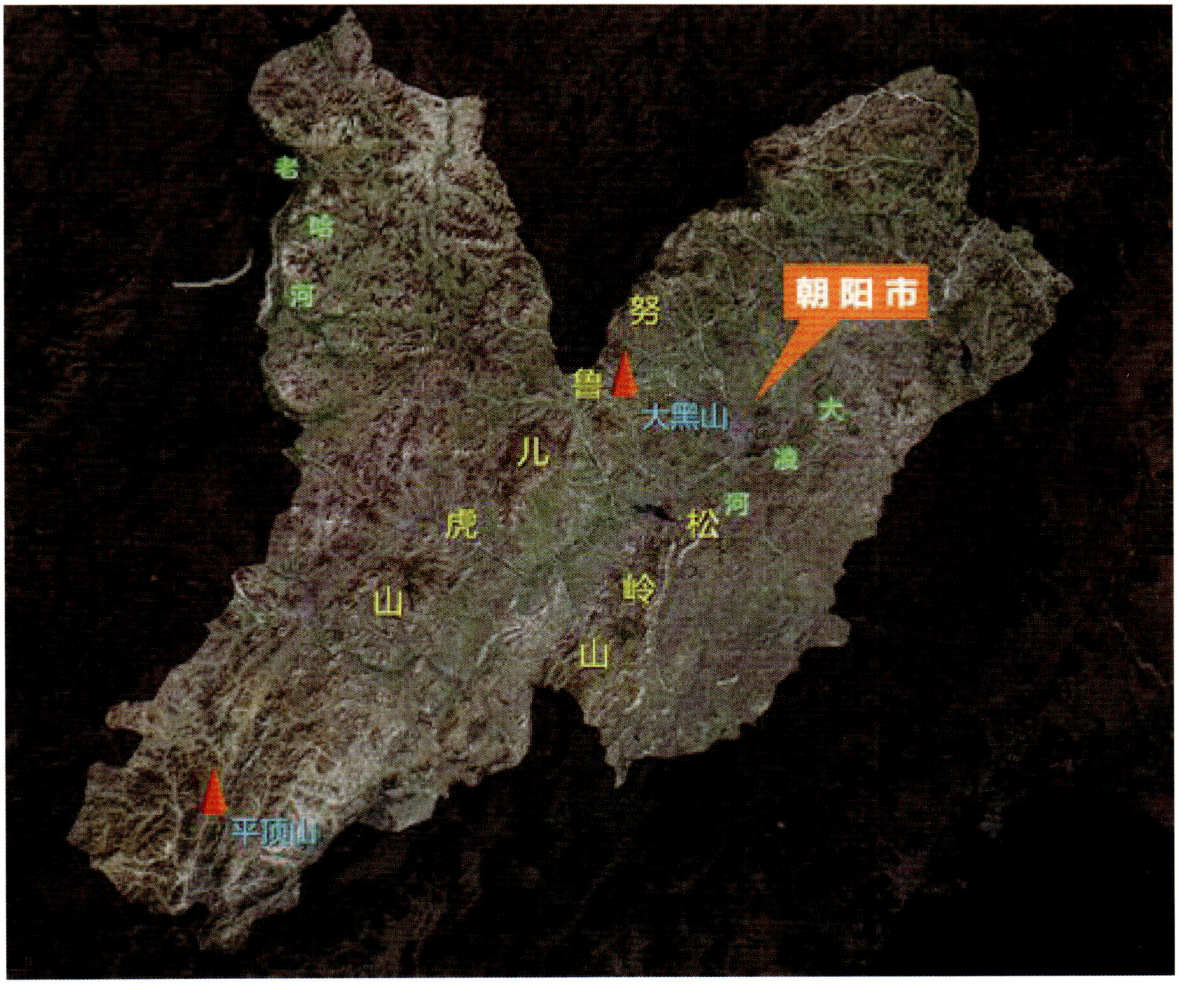

**努鲁儿虎山**

努鲁儿虎山，蒙古族语，汉语意思是“脊梁山”，契丹时称“冷陉山”，系燕山山脉东段，绵延于辽西地区。在辽宁、内蒙两省交界处，从辽宁省建平县进入内蒙古自治区敖汉旗，气势雄伟，资源丰富。

在努鲁儿虎山谷十余千米的山梁上，分布着牛河梁遗址的女神庙、祭坛和积石冢群。

# 地名由来

20世纪50年代以后的地图上无法找到牛河梁这个有着丰富古代遗存的地方，查有关县志等材料，所记涉及“牛河梁”这一名称的，有以下记载：

1927年编纂的《清史稿·地理志》“朝阳府”条，记载了建昌县有大凌河“东源牛录”。

1927年始修的《凌源县志初稿》则称“牛耳河梁”：“县之北迤东路有牛耳河梁。”该县志又记凌源县疆界：“东北接建平县界三十里之牛耳河梁。”

1931年编纂《建平县志·疆域篇》记“牛录河梁”为与凌源县交界处：“又南至牛录河梁，与凌源县交界。”

《建平县志》具体记载了大凌河的一条支流——土里根河（现称牤牛河）源于“牛录河梁”。该县志《山川篇》“土里根河”条：“亦名图尔根河，又名牤牛河，在县治西南境。源出县治西南与凌源县交界之牛录河梁。东流二十五里，经叶柏寿镇东折而东南流三十里，经猪头山梁西峡，复折而东流十二里，经公营子城西，又南流三十里，经土里根水泉镇北，又东南流入朝阳县境，又东南流入大凌河。”

1933年的热河地图就标有“牛儿河梁”，梁脊上有道路可通往现在的凌源市和建平县。

由此可知，由于牛河梁位于凌源、建平两县的交界处，是两县间往来的必经通道，故当地人依河名将这一山梁俗称为“牛河梁”，并将这一名称沿用至今。

# 家园风貌

牛河梁遗址区内的自然村落比较疏散，且都位于河川低地。这里的雨水集中在夏季，水土流失较为严重，山梁被冲刷出多道冲沟蚀壑，但整个遗址区内的原始风貌仍然得以保存。经过20世纪50年代初大面积的植树造林，如今的牛河梁一带被连绵万顷的针叶松林覆盖，四季常青。

牛河梁遗址所在地区西北部为努鲁儿虎山，东南为松岭山，中部为大凌河—牤牛河河谷平原。遗址区域附近一带的地貌主要有海拔为800～1000米的基岩山地、海拔为500～650米的梁状丘陵地形、海拔为400米左右的现代河床和沿河低阶地。牛河梁遗址主要分布于梁状丘陵之上。丘陵区的基岩以片麻岩、麻粒岩为主，丘陵坡面上甚至部分丘陵顶部覆盖有厚1～5米不等的黄土。

这里地处中温带半湿润、半干旱区，属大陆性季风气候，冬夏两季较长，春秋两季略短，年平均温度8.3℃。平均降水量450毫米，降水多集中在7、8月，无霜期166天。遗址区内的河流有大凌河西支、牤牛河西支。

遗址区内诸河川所注入的大凌河，据《汉书·地理志》及《水经注》记载，该河在汉代时被称为白狼水，因临河有白狼山及白狼县而得名。白狼水在辽代被称为灵河。《奉天通志》也有记载："金元易灵为凌，明称大凌，以对小凌而言也，是以水寒多凌而得名。"

大凌河北源出自凌源市境内努鲁儿虎山，南源出凌源境内的黑山，在喀喇沁左翼蒙古族自治县大城子东汇合，东北流至北票市大板(金岭寺)附近折向东南，经凌海市入辽东湾。长397千米，流域面积2.02万平方千米。支流有细河、牤牛河、老虎山河、凌源南大河等。

20世纪50年代初大面积的植树造林，使遗址区内外已形成亚洲面积最大的人工油松林，森林覆盖率达50%。

牛河梁遗址区域内的山地、丘陵、盆地、平原交互分布。现所见的自然植被以旱生的

沙棘　啄木鸟

牛河梁遗址坐落于油松林之中

稀树灌丛和草本为主，灌丛有酸枣、沙棘、荆条等，草本有苔草、白杨草等。野生动植物和鸟类繁多，动物有野兔、獾、刺猬、跳鼠等，鸟类有猫头鹰、雉鸡、灰喜鹊、啄木鸟、戴胜等。



雉鸡

獾

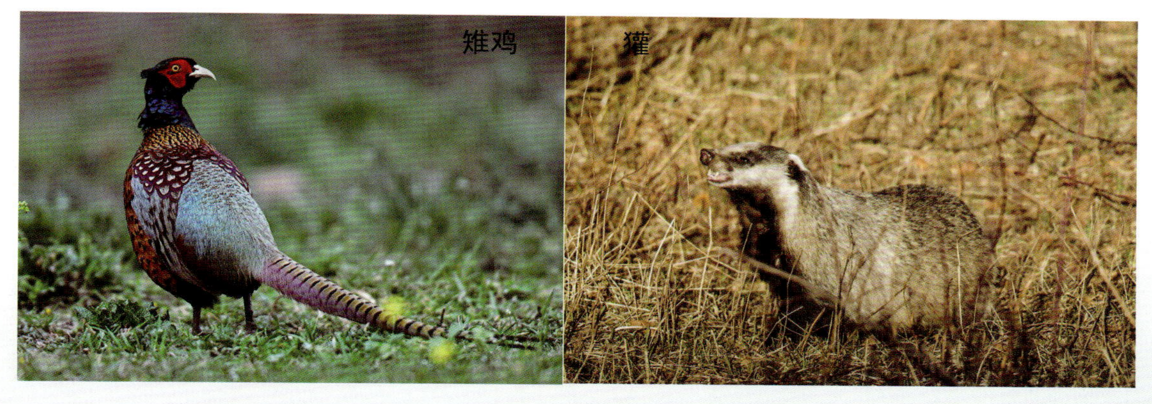

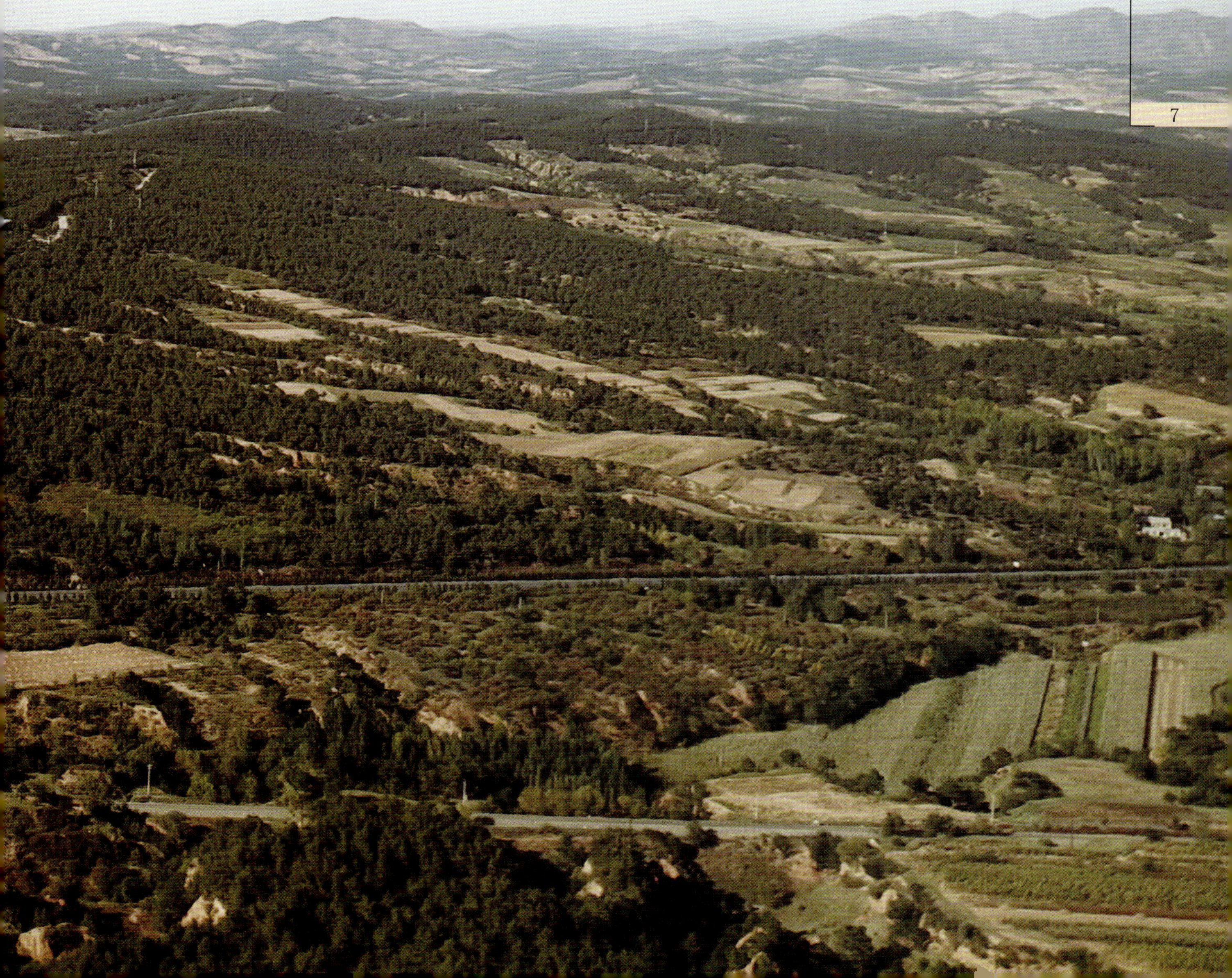

# 发现、发掘过程

20 世纪 40 年代起，就有关于朝阳地区红山文化遗存调查的零星记录，之后又有陆续报道，但都未引起重视。直到 1981 年全国第二次文物普查在建平县展开时，牛河梁遗址才被发现。从 1983 年起，对牛河梁遗址开始了正式考古发掘工作。目前共发现红山文化时期遗址点 43 处，牛河梁遗址已编号的有 16 个地点，其中，已发掘的为第二、第三、第五、第十六地点，试掘的有第一、第十、第十三、第十四地点。

## 蛛丝马迹

朝阳地区的红山文化遗存最早见于文献的是 20 世纪 40 年代日本人调查的一些零星记录，确切地点不详。中国考古专家、时任凌源中学教员的佟柱臣先生于 1943 年在《建国教育》上发表了《凌源牛河梁彩陶遗址》，但并未引起考古界重视。直到 20 世纪 70 年代初，考古专家才发现了一些关于红山文化的蛛丝马迹。

那是 1973 年，发掘喀左县鸽子洞遗址时，大家到附近的山上调查古人类生活的环境，在一处叫瓦房子的平整高岗上，偶然捡到了陶片及彩陶片。这些陶片全都是泥质红陶，胎

佟柱臣

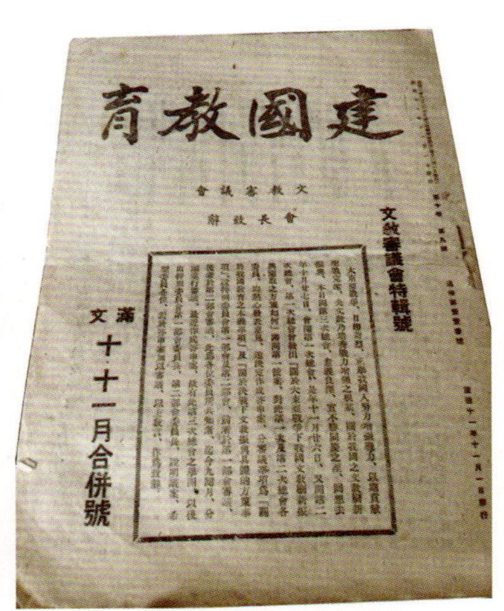

建國教育

文教審議會特輯號

滿文 十十一月合併號

《建国教育》创刊于 1938 年 11 月 27 日

质较粗，陶壁较厚，有的外表绘有黑彩，是典型的红山文化无底红陶筒形器。考古工作者十分惊喜，自此，朝阳地区的文物普查工作在郭大顺、孙守道等专家的直接参与下开始了。

郭大顺

考古学家，红山文化专家，先后主持了小河沿、石棚山、东山嘴、牛河梁等著名的红山文化遗址的考古发掘工作。

孙守道

考古学家，红山文化专家，发现、发掘了牛河梁遗址，参与辽西渤海岸绥中姜女坟复查，秦汉“碣石宫”皇家建筑群址、喀左北洞孤山探掘。

喀左县是普查的第一站，全县共发现遗址点609处。其中，在兴隆庄乡东山嘴、草场乡南沟门等遗址采集的陶片较为丰富，且多为彩陶。

1979～1982年两次对东山嘴等遗址进行发掘，发掘面积约2250平方米。在15厘米的耕土层下的文化层中发现了一座石砌建筑址、圆形祭坛等遗迹，出土了石斧、石锛、石磨盘、石磨棒、石核、石镞等石器；出土了敛口钵、筒形罐、双耳小口瓮、杯、豆、小口壶等陶器和20余件陶塑像残件，其中有两件裸体孕妇立像，大者高7.9厘米，小者高5.8厘米，头部残缺，腹部隆起，臀部肥硕，左臂曲，左手贴于上腹，有表现阴部记号；还出土了1件双龙首玉璜和1件绿松石玉鹗。

在1982年普查总结汇报会上，郭大顺先生指出：“东山嘴遗址的发现与史前祭祀和文明起源有关。”同年，在河北蔚县西合营工地现场会上，郭大顺先生介绍了东山嘴遗址的发掘情况，引起了时任中国考古学会理事长苏秉琦先生的高度重视。1983 年 7 月 20 日，北京的 19 位考古学家在苏秉琦先生率领下来到东山嘴遗址现场。在座谈中，大家一致认为，这是中国首次发现的一处史前祭祀遗址。苏秉琦先生指出，东山嘴遗址对研究燕山南北长城地带的古文化具有里程碑意义。他鼓励辽宁的专家要在喀左、凌源、建平交界处下大功夫，并预言，这一地区还会有更重大的发现。

苏秉琦（1909～1997），河北高阳人，著名考古学家、历史学家，新中国考古学的主要奠基人，考古学“中国学派”的倡导者。

苏秉琦考察东山嘴遗址



## 遗址初现

都说考古发现有很大的偶然性，但偶然中总蕴涵着必然。牛河梁遗址的发现正是如此。

1981 年，在建平进行文物普查时，全县 32 个公社文化站站长到县城进行培训，郭大顺先生亲自授课。课上，郭先生强调了红山文化遗址的重要性，讲解了红山文化玉器的特点和典型器物形状，并特别指出，过去发现的红山文化玉器没有明确的出土地点，如果能在明确的遗址点的墓葬中发现红山文化玉器，那意义就重大了。课间休息时，富山乡文化站站长赵文彦反映说，马家沟生产队队长家里有一件“笔筒”似的东西，很像郭先生讲的红山文化玉器。

赵文彦

第二天，培训班刚一结束，郭先生就与县文管所干部

李殿福和赵文彦骑自行车赶往富山乡马家沟生产队队长马龙图家，马队长十分热情地迎接客人进屋。一进屋，郭先生就看到了柜面上摆放着一个似笔筒又不是笔筒的筒状器，里面还插着几支笔。郭先生上前拿起“笔筒”仔细端详，心里暗喜：这哪是什么笔筒，正是在朝阳地区苦苦寻找的红山文化玉器中最重要的一类——马蹄状玉箍。在征得马队长的同意后，郭先生一行带走了这件玉箍，并对其进行了深入的探讨研究。

马龙图家中的玉“笔筒”

之后，郭先生一行又在老乡中进行调查，征集到两件红山文化玉器，一件是马蹄状玉箍，另一件是双联玉璧。郭先生判定，在马家沟附近，必定有红山文化遗存。当郭先生询问老乡这些东西是在哪里捡到时，老乡将他们领到牛河梁山岗上。这座山岗正好处于101国道南面和锦承铁路北面的中间地带，东西方向又正好处在凌源市与建平县交界处，地表上就散布着红山文化的泥质红陶和彩陶片。承包土地的老大爷说他种地时，曾捡到过像“万”字形的石片，因已经破碎就扔掉了。这些迹象使郭先生等考古工作者确定了这里应该是一处红山文化遗址。接下来的几天，考古工作者集中在这块台地上“寻宝”，果然在一条沟边发现了露出的人骨，在做了简单整理后，居然清理出了一座墓葬。墓为石棺，东西向，长2米，宽0.8米，单人仰身直肢葬，人骨保存较完好。在墓主人头顶部左侧，发现1件玉环。玉环为白色，直径21.1厘米，穿单孔，横断面呈三角形。

这是第一次发现的红山文化墓葬，也是第一次有了红山文化玉器在墓葬中出土情况的资料。这一天为1981年4月8日。这个遗址点后来被编号为牛河梁遗址第二地点，这座墓被编为第二地点第一号冢第一号墓。

郭大顺先生在牛河梁遗址第二地点考古发掘现场

1983年国庆节后，辽宁省文物考古研究所所长、考古学家孙守道先生带队，与考古专家方殿春等开始了对牛河梁遗址第二地点的试掘，并继续在周边山岗寻找新的遗址点。

1983年10月中旬的一天傍晚，孙守道等考古专家走了一天，有些疲劳，准备从牛河梁第一道山梁处的山岗返回住地。忽然，富山乡文化站站长在离山岗最近的一条冲沟内发现了

露出地面的陶土块，他迅速向孙守道先生通报了情况。孙先生和考古队员们都十分惊讶和兴奋，他们冲到这条冲沟下，俯下身来，仔细探寻，唯恐漏掉什么重要信息。果然，功夫不负有心人，更多的陶土块露了出来，更让人惊喜的是捡到了一些泥塑的鸟翅、鹰爪等残件。此时已夕阳西下，牛河梁洒满红霞，考古队员们满载着收获，充满着喜悦，身披着彩霞，一路笑语，回到了住处。

不久，迫不及待的考古工作者开始了对这一地点的试掘，后来，在这里发现了泥塑的女性头像以及几处建筑址，此地点被编号为牛河梁遗址第一地点。

**第一、第二地点所在山梁地势图**

N 代表牛河梁遗址，J 代表建筑址，N1J1、N1J2 分别为牛河梁遗址第一地点第 1、第 2 建筑址。

# 发现女神庙

1983 年秋天，对牛河梁遗址第一地点开始试掘，考古工作者仅翻动了一下表土，出土的文物就令人眼花缭乱，有仿木的建筑构件、壁画残块、陶祭器等，还有相当于真人耳、鼻部 1 ～ 3 倍大的泥塑残件。那么，有没有更完整的塑像呢？考古工作者在期盼中继续试掘。

1983 年 11 月 2 日，试掘现场突然一阵骚动。一件圆圆的泥塑显露出来，在场的人都意识到这可能是人头塑像。大家都不作声，现场静得只听得到小铲刮土那清晰而缓慢的沙沙声。考古人员将表土一点点小心地去除掉，泥塑的额头露出来了，继而是眼睛、嘴巴，一个完整的女性头像展现出来，她仰面朝天，双目圆睁，略带微笑。大家异口同声地喊出："红山女神！"

之后，在清理一片红烧土堆积时揭露出一处庙址遗迹，是一座由中室、东室、西室、北室、南三室组成的多室连为一体的半地穴式房址，女神头像就出土于房址的西室内。考古人员根据已出土的多件女性特征的泥塑残块，将这里命名为"女神庙"。

五千年后的历史性会见——女神头像出土

摄影师李振石抓拍了这一场面。照片以"五千年后的历史性会见"为题，参加了当年的辽宁省旅游摄影展，获得一等奖。

# 遗址点发掘

从1983年起，正式开始了对牛河梁遗址的考古发掘工作。围绕着第二地点约2平方千米范围内又陆续发现了几个红山文化遗址点，考古学家们意识到在牛河梁一带分布的红山文化遗址应该不止一两处，而是一个遗址群，并且这个遗址群类型多样，不仅有多处积石冢，而且有祭祀性质更为突出的庙宇和祭坛遗址。经过多年的调查研究和考古发掘，目前，在牛河梁遗址保护范围和临界地带共发现已编号的红山文化时期遗址点43处，其中，牛河梁遗址已编号的遗址点有16处，已试掘或发掘的有5处，分别是第一、第二、第三、第五和第十六地点。

## 第一地点（女神庙）

第一地点发现的女神庙是牛河梁遗址最为重大的发现之一，1983年开始试掘，发现了女神庙建筑址以及泥塑女神头像和人体泥塑残件等重要遗迹、遗物，专家经过考古调查和发掘推断，这里应该是5000多年前的一处宗庙遗址。

## 第二地点（群冢组合及祭坛式建筑）

这个地点是牛河梁遗址中发掘时间最早、延续时间最长、工作量最大的一个地点，从1983年开始，一直进行到1998年。

在1983年从西部揭露出的积石冢（编为第一号冢）的基础上，1984年继续向东揭露，发现了第二号冢和第三号冢（后确认为祭坛），1986年又向东揭露出第四号冢和第五号冢。1991年，根据第三号冢所用的石料和砌筑方式，确定该建筑是一处圆形坛式建筑。1992年，又在第三号冢的北侧揭露出一处积石遗迹，编为第六号冢。这样，经过多年考古发掘，这处由5座积石冢、1座祭坛组成的遗址点终于全部展现在世人面前。

## 第三地点（积石冢）

第三地点是一个独冢，这个冢规模较小，发掘共进行了两个年度。1986年开始发掘，发现了中心墓和南部的10座砌石墓。有3座砌石墓无人骨，疑为迁葬。在1995年的后续发掘中发现了环绕冢体的沟，沟内出土了红山文化陶片和泥质红陶人面残件，但沟底也发现有战国到汉代遗物。该冢未发现下层积石冢的迹象，但有少量下层积石冢的陶片，可判断该冢曾先有下层积石冢，但现保留下来的只有上层积石冢。



## 第五地点（双冢一坛）

第五地点发现了两处冢和一处坛式建筑。1987 年全面揭开，为 3 个单体，东、西两个单体各为积石冢性质，分别编号为第一号冢和第二号冢，中间一座类似坛式建筑的被编为第三号冢。在第一号冢内发现一座中心大墓，墓主人左、右手各握一玉龟。1988 年继续发掘第二号冢，发掘出两座小型砌石墓，发现了 1 尊陶制的孕妇小雕像。1998 年、1999 年的后续发掘中，发现第五地点有与第二地点相对应的下、上层积石冢，在下层积石冢下又有一层红山文化堆积，由此可知，第五地点共有 3 层遗存。发掘者认为，早于下层积石冢的下层红山文化遗存具有居住址性质。属于上层积石冢的第一号冢内发现了环沟迹象。第三号冢被确定为一处坛式建筑址，坛下发现成排人骨。在此坛式建筑旁还发现有大量石块堆积，石块的大小、石料质地与积石冢所用相同，疑与构筑积石冢有关。

## 第十六地点（双文化地点）

这是牛河梁遗址现知唯一一个有被夏家店下层文化遗存叠压和打破的红山文化积石冢地点，所以该地点的红山文化积石冢和墓葬被扰动得较为严重。1979 年开始发掘，发现下、上两层红山文化层，在上层红山文化层中发现了 3 座砌石墓。其中，第一号墓出土了 3 件棒锥形玉器和 1 件双兽首三孔玉梳背饰，第二号墓随葬有斜口筒形器、勾云形器等 9 件玉器。2002 ～ 2003 年，为配合发掘报告的编写，对这个地点进行了全面揭露，进一步验证了 1979 年的层位关系，即第十六地点存在着与第二、第五地点相同的下、上层积石冢。另外还发现了时间早于下层积石冢的墓葬和可能介于下、上层积石冢之间的墓葬。在上层积石冢中发现的第四号墓为上层积石冢的中心大墓，此墓凿石为穴，随葬有玉人、玉凤等 6 件玉器。

**牛河梁已编号的 16 个遗址点素描图**

图中用 N1 ～ N16 代表已经编号的 16 个红山文化的遗址点（N 代表牛河梁遗址）。

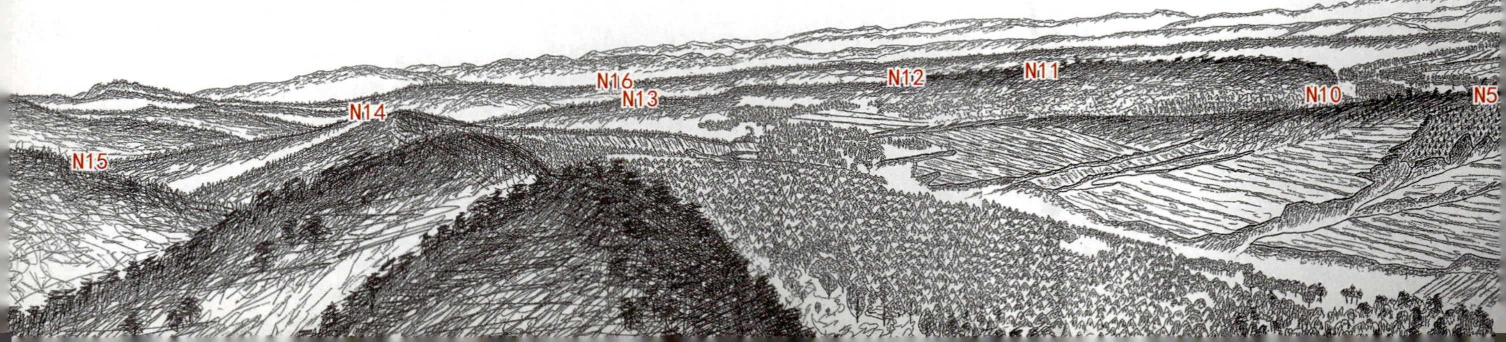

## 其他地点

发掘期间，工作人员不间断地在牛河梁遗址范围内外进行考古调查，又发现了多处以积石冢为主的红山文化遗址点，有编号的为第六地点（N6）、第七地点（N7）、第八地点（N8）、第九地点（N9）、第十地点（N10）、第十一地点（N11）、第十二地点（N12）、第十三地点（N13）、第十四地点（N14）、第十五地点（N15）。

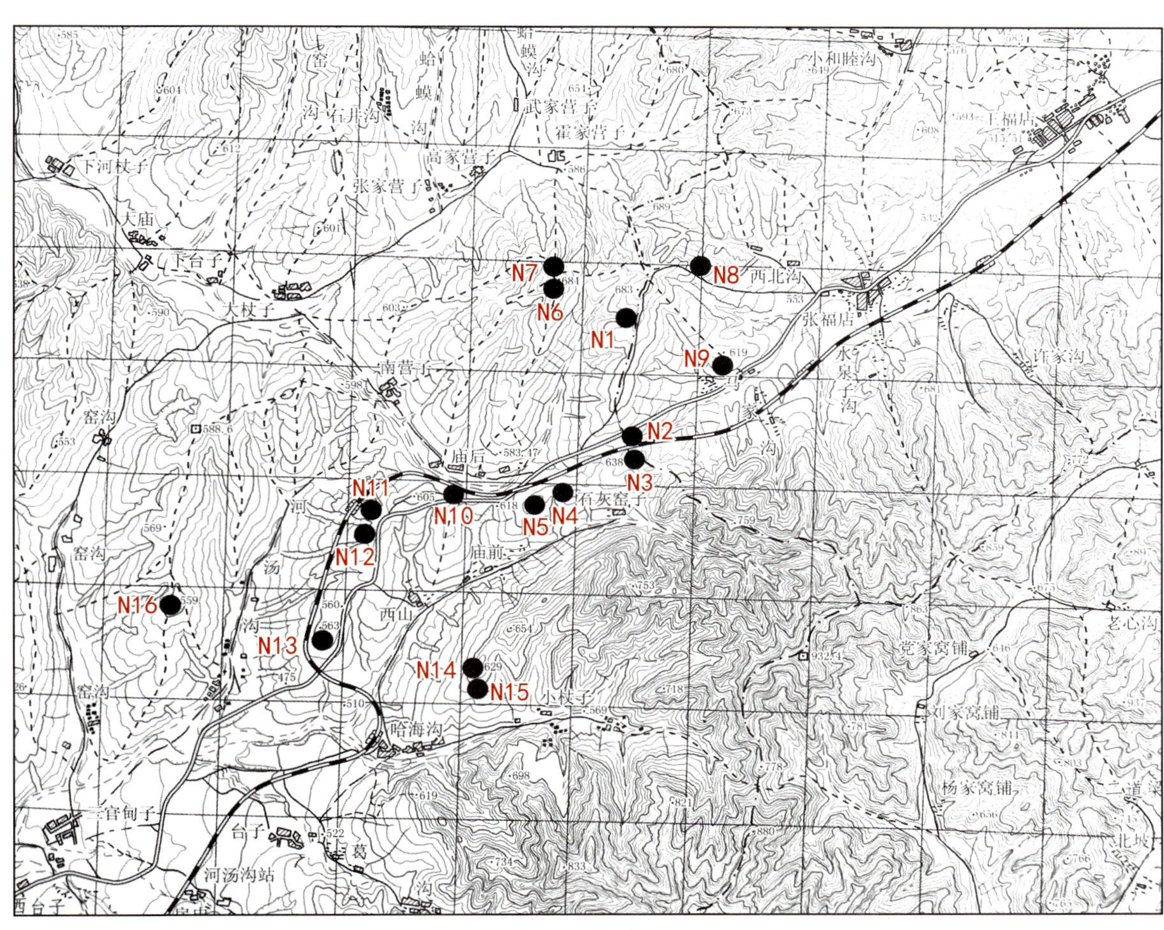


牛河梁已编号的 16 个遗址点平面图

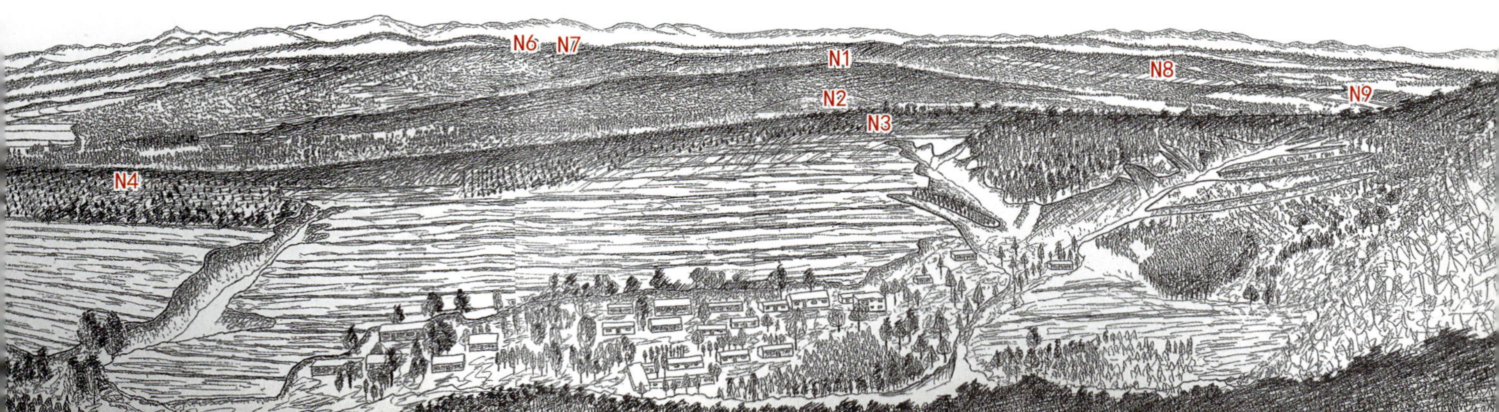

# 遗址价值

牛河梁红山文化坛、庙、冢等遗址和珍贵玉器的发现，以确凿而丰富的考古资料证明，早在 5000 年前的红山文化晚期，社会形态就已经发展到原始文明的古国阶段。为中华民族拥有五千年的文明史提供了有力物证，对中国上古时代的社会发展史、思想史、宗教史、美术史、建筑史的研究都产生了重大影响。牛河梁红山文化遗址是中华民族寻祖问源的圣地，是东方文明的曙光。

## 价值和意义

在中国人的传统观念中，一直认为黄河流域是中华文明的故乡，中华文明是从黄河的摇篮里孕育出来，然后再传播到华夏各地的。这种观念似乎已经成了天经地义的定论。而牛河梁遗址的重大考古发现，促使人们重新审视中国史前的历史。中华文明的起源是多元的，文明的火花犹如满天星斗，西辽河流域燕山南北长城地带也是中华文明的发祥地之一，在中华文明起源的过程中也起了重要作用。

对牛河梁遗址的综合科学研究认为，牛河梁红山文化坛、庙、冢、遗址和珍贵玉器的发现，以确凿而丰富的考古资料证明，早在 5000 年前红山文化晚期，社会形态就已经发展到原始文明的古国阶段。为中华民族五千年的文明史提供了有力物证。

中国是世界四大文明古国之一，但因缺少考古证据，一般将中国文明起源限定在距今 4000 年前的夏代，而此前的 1000 年则被作为传说时代。

中国考古学会原理事长苏秉琦先生说：“红山文化坛、庙、冢 3 种遗址的发现，代表了我国北方地区史前文化发展的最高水平。它让社会发展阶段向前跨进了一大步。从这里我们看到了中华五千年文明的曙光。”“黄帝时代的活动中心，只有红山文化的时空框架能与之相对应。”

女神头像的发现是考古界的一件幸事、大事，也是中国的一件幸事、大事。被称作大地母神的女神像通常象征着生育和大地，作为一个群体和民族的生命力、延续力的体现而受到原始先民的广泛崇拜。从旧石器时代晚期起，女神雕像就在欧亚大陆各地广泛出现了，但在中国却一直没有被发现，而牛河梁遗址红山女神头像的出现其含义不同寻常，这一发现被考古界誉为“海内孤本”。

## 媒体报道

1985 年，中国考古学会理事长苏秉琦先生在兴城会议上做《古文化古城古国》学术报告，认为牛河梁红山文化时期中国已进入古国阶段，即中华文明初曙。他说，“红山文化坛、庙、冢，中华文明一象征”。

1986 年 7 月 25 日，《光明日报》于头版发表消息：“中国文明起源问题找到了新线索，辽西发现五千年前祭坛、女神庙、积石冢群址。考古学界推断，这一重大发现不仅把中华古史的研究从黄河流域扩大到燕山以北的西辽河流域，而且将中华民族文明史提前了一千多年。”

光明日报

GUANG MING RIBAO

考古专家高度评价辽西考古新发现

中华文明起源问题找到新线索

辽西发现五千年前祭坛女神庙积石冢群址

《光明日报》影印资料

1986 年 7 月 28 日，《人民日报（海外版）》头版以《五千年中华文明史的力证——辽西发现红山文化重大遗存记事》为题，报道了牛河梁遗址的发现对中华五千年文明起源问题的重大意义。

《人民日报（海外版）》影印资料

1986年8月6日，《人民画报》第八期用7个版面，以《中华五千年文明曙光》为大标题，介绍了牛河梁遗址及出土的珍贵文物。1986年9月下旬，中国考古学会第六次会议在沈阳召开，会后，顾铁符、宿白、安志敏、石兴邦、邹衡等100多位考古专家于9月27日到牛河梁遗址现场考察。这次考察在考古界实现了文化的认同，即牛河梁遗址为中华文明的形成提供了有力佐证。

1987年7月24日，新华社发出电讯：“辽宁西部山区，发现了距今5000多年的大型祭坛、女神庙和积石冢群，考古学家根据已出土的大批文物初步推断，5000年前，这里曾经存在过一个具有国家雏形的原始文明社会。这一重大发现，把中华民族文明史提前了1000多年，为夏代以前传说中的三皇五帝时期找到了实物依据，对上古时代社会发展史、思想史、宗教史、美术史、建筑史的研究，将产生重大影响。”

# 第二章

# 文明之源

通过试掘和已发掘的第一、第二、第三、第五和第十六地点可知，牛河梁遗址是一个有着多种形式遗迹的遗址群，牛河梁坛、庙、冢遗迹的发现，证明距今 5500 ~ 5000 年的红山文化晚期，先民已经告别蒙昧，脱离野蛮，在神州北土开启了文明之旅。此后，红山文化南下，与中华诸多文化碰撞、融合，最终形成了多元一体的中华文明。

# 远古神庙 第一地点

女神庙发现于1983年秋，是牛河梁遗址最为重大的发现之一。之后，辽宁省文物考古研究所于1983～1985年对其进行了试掘。第一地点的第一建筑址即女神庙遗址的发现和试掘，是1984～2003年这20年间，牛河梁遗址除积石冢的发掘外最为重要的考古工作。目前，中国最早的庙就发现于牛河梁遗址，而且在庙里还有供奉的女神，所以这个遗址被考古专家称为女神庙。

## 女神庙

女神庙位于牛河梁主梁顶部，海拔为670米，向南与之遥遥相对的是一座形似猪首的山峰。这里地势高，坐北朝南，无形中给朝圣者以高高在上、庄严神秘的感觉。庙址是在1983年秋被发现的，考古人员在山梁冲沟内采集到人体泥塑残件后，遂对四周进行调查、勘察，在冲沟以东发现了庙址，庙址的一部分已经被冲沟破坏了，所以推测在冲沟内采集到的人体泥塑残件也应属于庙内遗物。1983年秋冬、1984秋和1985秋分别对女神庙做了试掘，主要是对遗迹表面进行清理，以摸清遗迹本体范围，确定遗迹性质，进一步了解庙址内的堆积情况。

庙址内未发现石质建筑遗迹和遗物，推测庙的建筑材料完全不用石料，应该是一座半地穴式土木结构建筑。庙址方向为南北向，北偏东20°，平面呈“亞”字形，总面积约75平方米。庙址距地表20～50厘米，现存地下部分深约0.8米，保存完好，出土文物种类丰富。从庙址中已经碳化的木柱和被火烧过的陶器分析，女神庙应该是被一场大火烧毁的，上部分全部坍塌，只保存了地下部分。

庙址平面分为北多室和南单室两个部分：北多室总体南北长18米，东西最宽9米，最窄2米，为7室连为一体的结构，可分为中室、东室、西室、北室和南3室，其中西室已于20世纪60年代挖林区排水沟时被破坏，经试掘得知，中室与其他各室都有通道相连。南单室位于北多室南部2.65米处，1985年对南单室进行试掘，遗迹地穴横长6米，最宽2.65米。

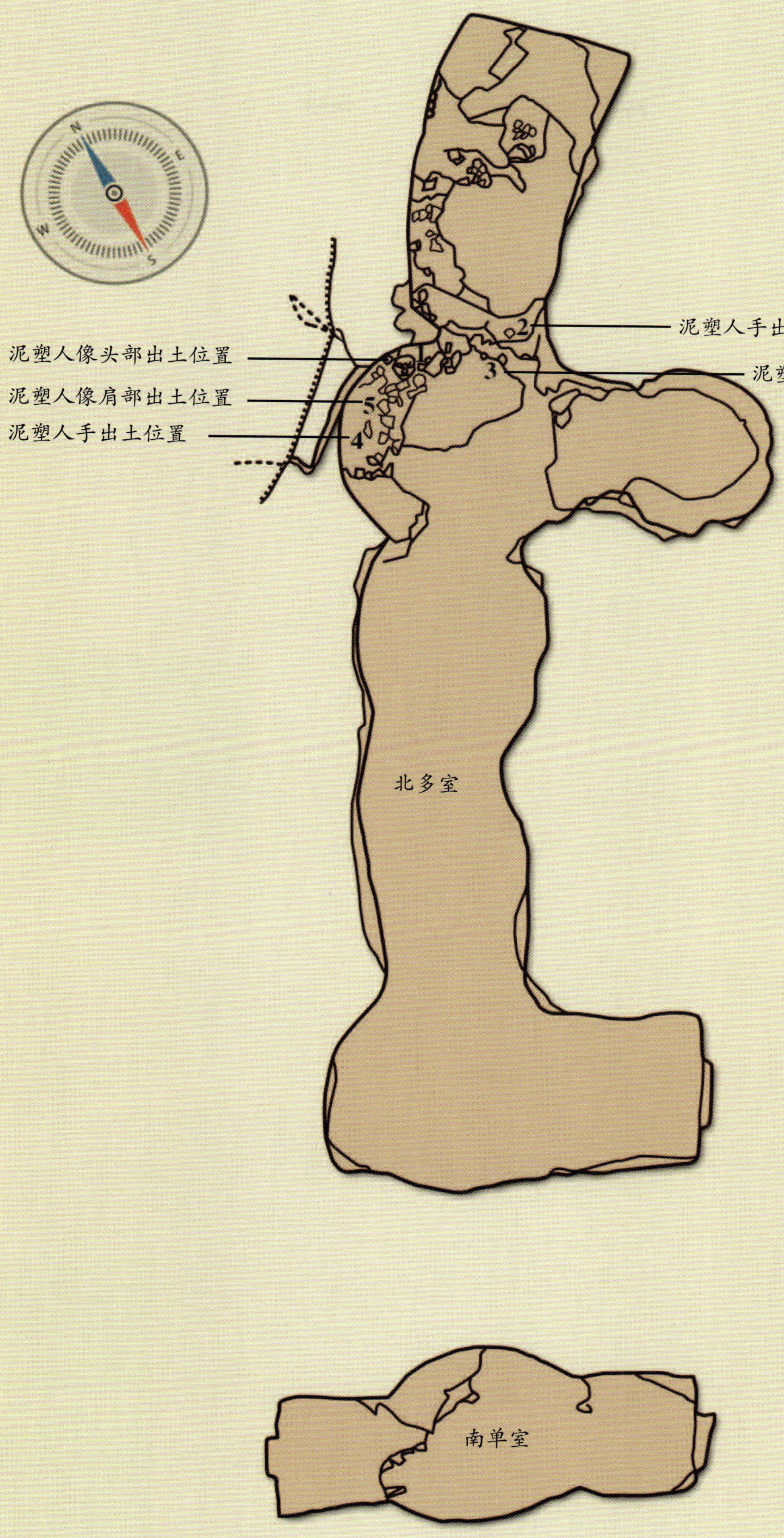

泥塑人手出土位置

泥塑人像头部出土位置

泥塑人上臂出土位置

泥塑人像肩部出土位置

泥塑人手出土位置

北多室

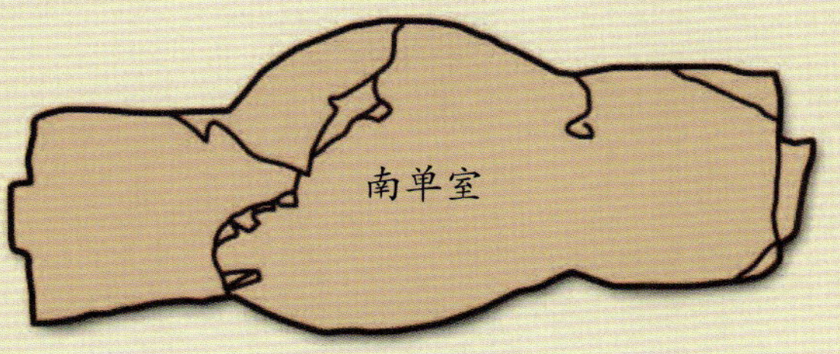

在女神庙的地下部分发现有直立的墙壁，并且在北多室的主体和南单室发现有已经碳化的木柱围绕于地穴边缘之外，墙壁和仿木建筑构件上多有捆束的禾草一类植物的印痕，墙面抹有多层较为光滑的草拌泥。在北多室的南部地穴穴口以上有拱起部分。另在庙址东部与穴口大约同一水平面上发现有散布的烧土和兽骨。种种迹象表明，现在的穴口即为庙址地下与地上的交界线，并可推定庙址现保存的地下部分即为女神庙原地下部分的深度。

南单室碳化木柱

南单室西部试掘局部

中室西侧人像臂部和腿部出土状态

中室西侧泥塑建筑构建与人像上臂出土状态

据考证，女神庙中供奉着规格不一的女神群像，还有熊、鹰等动物神像以及彩陶祭器。专家们认为女神庙这种主次分明、左右对称、前后呼应的结构和布局已具宗庙的雏形，开创了后世殿堂和宗庙布局的先河。

女神庙复原图

女神庙全景

# 重要出土物

## 塑像残件

在庙址内出土的人体塑像残件有人像头、鼻、耳、手、肩、手臂、乳房等，都为草拌泥质。在庙址西侧的冲沟内也采集到多块人像残件，有手臂、腿部、乳房等。另外还发现了泥塑的动物形残件。

泥塑人像头部

出土于北多室的中室西侧，通高22.4厘米，通耳宽21厘米，最厚处14厘米。头顶以上残缺，额顶有箍饰，鬓角部位有竖行的系带；眼部镶嵌玉石为睛；鼻部残缺，残鼻是在附近发现的；上唇以下为贴面，露出有表现牙齿的似蚌壳质贴物痕迹；右耳完整，耳轮简化，左耳残缺，近耳垂部位可见一穿孔，可能与穿系耳饰有关。头像的背面和下部均为残面。从背面的残面看，应是贴于庙的墙壁处，尚可见塑造时包以草束的支架痕迹，应该是一高浮雕人像的头部。

泥塑人像头部出土状态

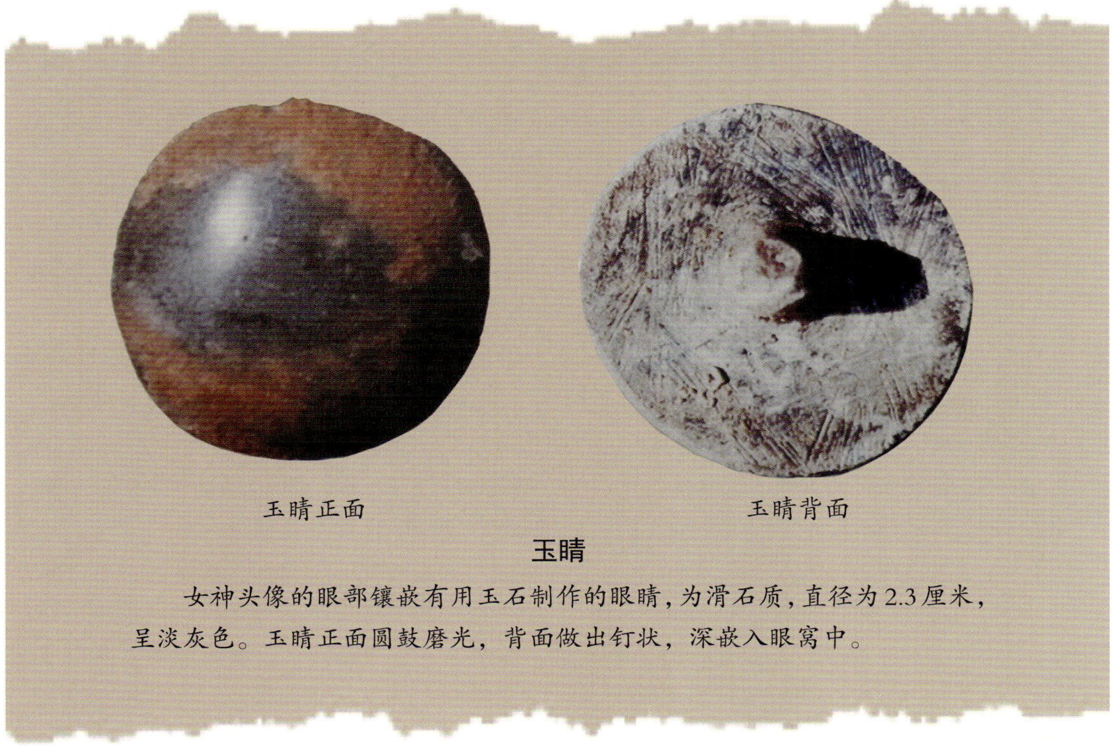

玉睛正面　　玉睛背面

## 玉睛

女神头像的眼部镶嵌有用玉石制作的眼睛，为滑石质，直径为2.3厘米，呈淡灰色。玉睛正面圆鼓磨光，背面做出钉状，深嵌入眼窝中。

耳

长12厘米，宽6.4厘米，厚4.6厘米。整体轮廓和耳轮等细部及背面都较为粗糙，正、背面均可见捏塑痕，像一件未塑完的半成品。

鼻

出土于中室正中部位，残宽6.7厘米，高6.7厘米，鼻孔径2.8厘米。为鼻左下侧残件，可见鼻梁、左鼻翼及左鼻孔，鼻梁及鼻翼均为圆形。

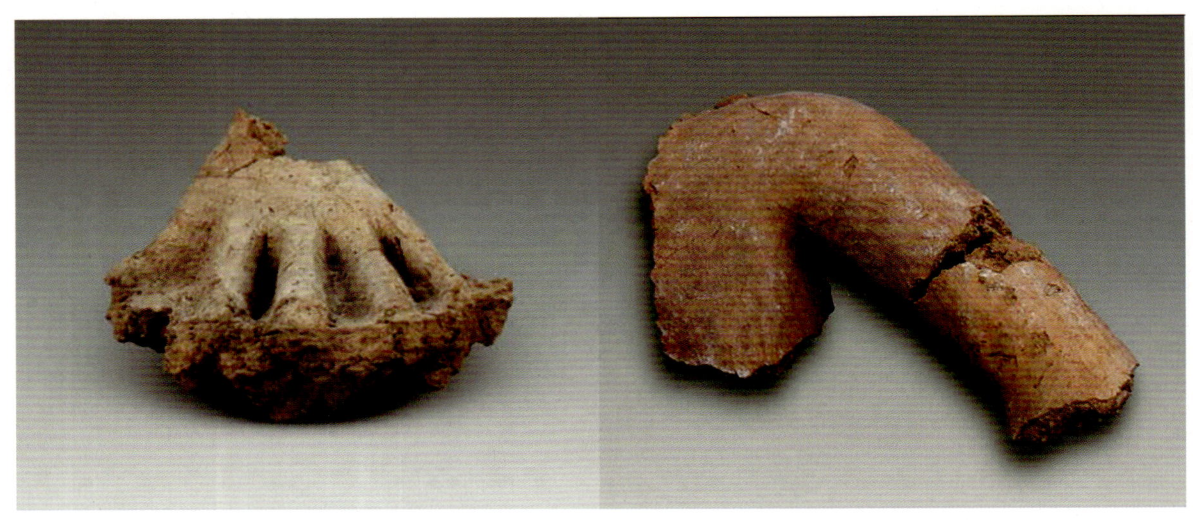

手

出土于中室近北壁处，残长22厘米，宽20厘米。表面未经仔细打磨，不够光滑。仅存手部，为左手伸掌状，五指张开，全不并拢，指显细长，有指尖的表现，拇指尖稍有上翘。全手作按压状，手下部残断面也较平。

上臂

左上臂连接左肩头及左前胸部。残件宽25.5厘米，上臂斜长25厘米，臂直径9厘米。臂为圆雕，左胸部内面露有带斜行草禾的残面，可能为与墙壁相接的部位。这部分当为浮雕，此塑件为一件浮雕与圆雕相结合的标本。表面压光，臂直而圆，有空腔，腔内遗有灰白色骨骼碎片，从下端残断处可见内收趋势。左胸部正面平直，与臂相接处上部显圆肩，下部内里形成腋窝。

### 乳房

宽 13 ~ 13.5 厘米，个体较小，表面打磨光滑，显丰满，无乳头的表现。

### 兽（熊）爪

长 14.5 厘米，宽 12 厘米，厚 7.5 厘米。显四趾，侧二趾，有关节的隐约表现。

### 兽（熊）吻部

长 11.5 厘米，宽 8 厘米，厚 10 厘米。吻端保存完整，为圆吻端，稍显上翘，很匀称。下侧有两椭圆形鼻孔，再下为较平的底面。

### 翅

残长 46 厘米，宽 24 厘米。左侧与后部残缺，表面磨光。从保存较好的右翼看，为三分翅，有中脊的表现。

### 禽（鹰）爪

为两件爪的残件，长分别为 14.5 厘米、13.5 厘米。各存一侧的二趾，趾弯曲并拢，每趾 3 节，关节凸出，趾尖锐利，有平底。

## 彩绘壁画

在清理倒塌的墙面时，考古队员居然发现了5000年前红山人精心描绘的彩色壁画。北多室和南单室都有发现。绘制很简单，仅仅是些三角纹、勾连纹。

彩绘壁画残块

## 仿木建筑构件

都是草拌泥质，规格不一，宽度在 10 ～ 16.5 厘米之间。多为仿方木平带，还有仿木榫卯结合的方木与圆木以直角相交的构件。外表均抹光，起多层，有的层面布满如蜂窝状的圆洞。

仿方木与圆木以直角相交的残块

出土于北多室的中室。为仿竖圆木与横方木以卯榫相交的结构。平带宽 9.8 厘米，凸起 1 厘米；圆带呈圆脊状，宽 5.5 厘米，凸起 3 ～ 4 厘米。表面压光，平带平面稍有内凹，背面有多道秸秆痕。

带面有压印圆窝的残件

残件宽 18.4 厘米，厚 5.8 厘米，压窝直径 1.2 厘米，窝深 0.5 厘米。保存有一侧棱边。压窝圆而且较深，斜行排列成行，背面有成排的斜行秸秆印痕，与正面压窝的斜行方向一致。

## 特异形陶器

发现有熏炉器盖、大型彩陶“塔”形器残块和圜底钵形器等。

**熏炉器盖**

出土于中室内，口径 11.7 厘米，高 8.4 厘米，柄孔径 2.33 厘米。泥质红陶，陶质较细，火候甚高，质地坚硬，壁甚均匀，形如倒置的豆。盖的沿腹间起明显折棱，盖面饰 5 周篦点式压印“之”字纹。柄呈喇叭状，喇叭状的柄口与柄体交接处和盖面与盖口交接处各饰 1 周附加锥刺纹。盖面镂孔为长条状，每组 5 条，间距相等，以中间孔最长，至柄根部，两侧各 2 孔，长度递减。

“塔”形器出土的都是残块，为泥质红陶，烧制火候甚高，可能有使用时被二次火烧的情况。壁厚 1.5 ～ 2 厘米，外表平滑或涂红衣，内壁较粗糙，遗有制作时的划抹痕迹。从残片判断，有腹部、束腰部和底座部分。

“塔”形器残件

复原后的“塔”形器

此外，还发现有泥料、陶折板等，以及庙址西侧冲沟内的采集品——乳丁饰泥构件（揭露庙址时被发现，应属西室）。女神庙仅试掘就发现了这么多的出土物，表明女神庙包含的内容多而复杂。

# 相关遗迹

在女神庙的周围，通过考古调查和发掘，又发现了与女神庙同时期的另外3处建筑遗址和窖穴遗迹，它们与女神庙共同组成了牛河梁遗址第一地点。

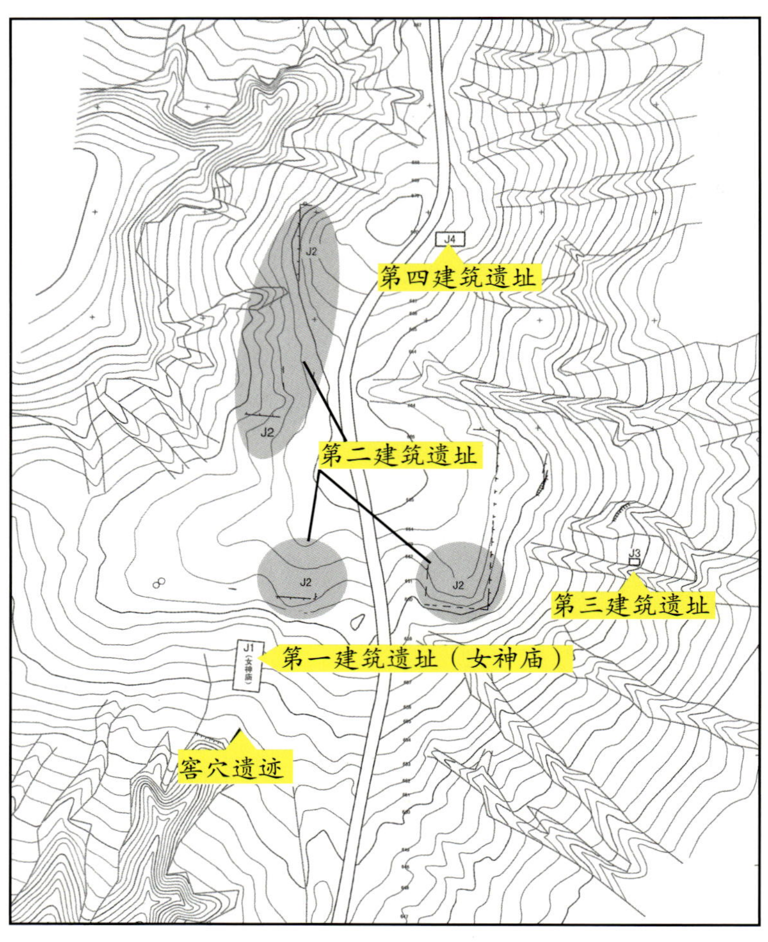


牛河梁第一地点遗迹分布图

## 建筑遗址

牛河梁遗址第一地点共计4座建筑遗址，女神庙被命名为第一建筑遗址，其他3座建筑遗址均分布在女神庙附近。

### 第二建筑遗址

1986年确定第二建筑遗址由3个山台组合而成，近“品”字形分布，总面积约4万平方米。山台有人工砌筑的石墙，东山台东墙的坡下和西山台西坡下露有较短呈内弧状的石墙遗迹，

北部山台的北缘有大片红烧土堆积。在这里采集到泥塑人像的手臂、耳，清理出泥塑仿木建筑构件残块，形制、规格与女神庙有所区别。

### 第三建筑遗址

第三建筑遗址位于东山台的东南坡，西距东山台东石墙约 60 米，距离女神庙遗址约 170 米。为一不规则的圆角长方形坑，长约 11 米，宽约 4.4 米。坑的上部散布有大量筒形陶器残片，依据陶片统计，坑内堆积的筒形器有 80 ～ 100 件，都为泥质红陶的折领筒形器。近底层的陶片中夹杂小石块，近坑底有红陶钵、黑陶罐等陶器残片，以及红烧土块、兽骨、石器等，坑壁可见火烧痕迹。

### 第四建筑遗址

第四建筑遗址位于东山台正北方向，西与北山台相对。为长方形半地穴式房址，南北宽约 5 米，东西长约 10 米，方向与山台石砌界墙及女神庙相同。房址内有 17 个柱洞，从柱洞的分布位置看，此建筑有按中轴线分布的规律，应该不是一般居住址，而是与庙台有关的建筑物。



## 窖穴遗迹

围绕女神庙遗址和第二建筑遗址周边有窖穴遗迹分布，共发掘了 3 处，其中 1 处出土有小型人像残件。

小型人像头部残件

# 五家一坛 第二地点

第二地点是目前牛河梁遗址群已发掘的 4 处积石冢遗址中规模最大、保存较好、出土器物最为丰富的一处积石冢遗址。遗址被逐年揭开后，呈现出 1 个五冢一坛、东西一线铺开的群冢组合。

## 位置概况

第二地点（N2）位于建平县富山乡张福店村马家沟村民组西 830 米、牛河梁山梁南段一鞍脊状山岗上。第二地点所在山岗地势较为平坦开阔，略呈北高南低，海拔 625 米，村民称之为“西梁”。第二地点正北方向的牛河梁梁顶就是第一地点女神庙遗址所在地，两个地点相距 1050 米。第二地点南距第三地点积石冢 190 米。

第二地点（N2）所在地势图

# 群冢组合

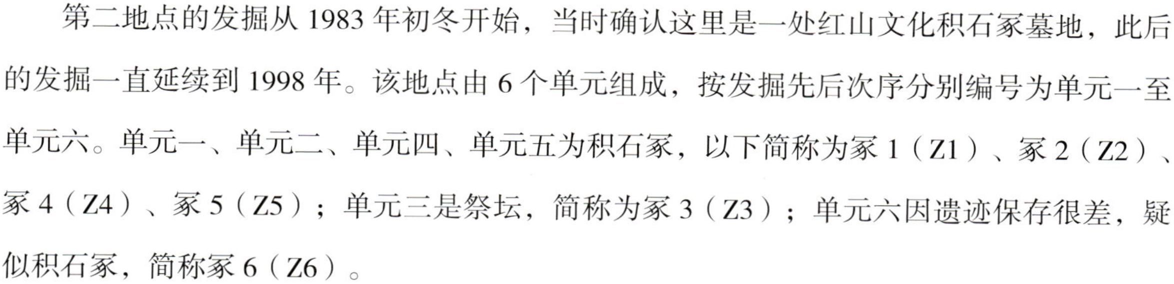

第二地点的发掘从 1983 年初冬开始，当时确认这里是一处红山文化积石冢墓地，此后的发掘一直延续到 1998 年。该地点由 6 个单元组成，按发掘先后次序分别编号为单元一至单元六。单元一、单元二、单元四、单元五为积石冢，以下简称为冢 1（Z1）、冢 2（Z2）、冢 4（Z4）、冢 5（Z5）；单元三是祭坛，简称为冢 3（Z3）；单元六因遗迹保存很差，疑似积石冢，简称冢 6（Z6）。

这 6 个单元中的 5 个单元按东西横向分布，由西向东分别为 Z1、Z2、Z3、Z4、Z5，Z6 位于 Z3 以北。总体范围东西长 130 米，南北宽 45 米，共占地 5850 平方米。6 个单元分布紧凑：Z1 和 Z2 相距 3.2 米；Z2 和 Z3 相距 1.8 米；Z4 因西侧残缺，与 Z3 的准确距离无法确定，依据现在 Z4 西侧保存的部分，与 Z3 相距 10.6 米；Z4 和 Z5 最近间距 0.2 米；Z6 与 Z3 南北相距为 2.7 米。

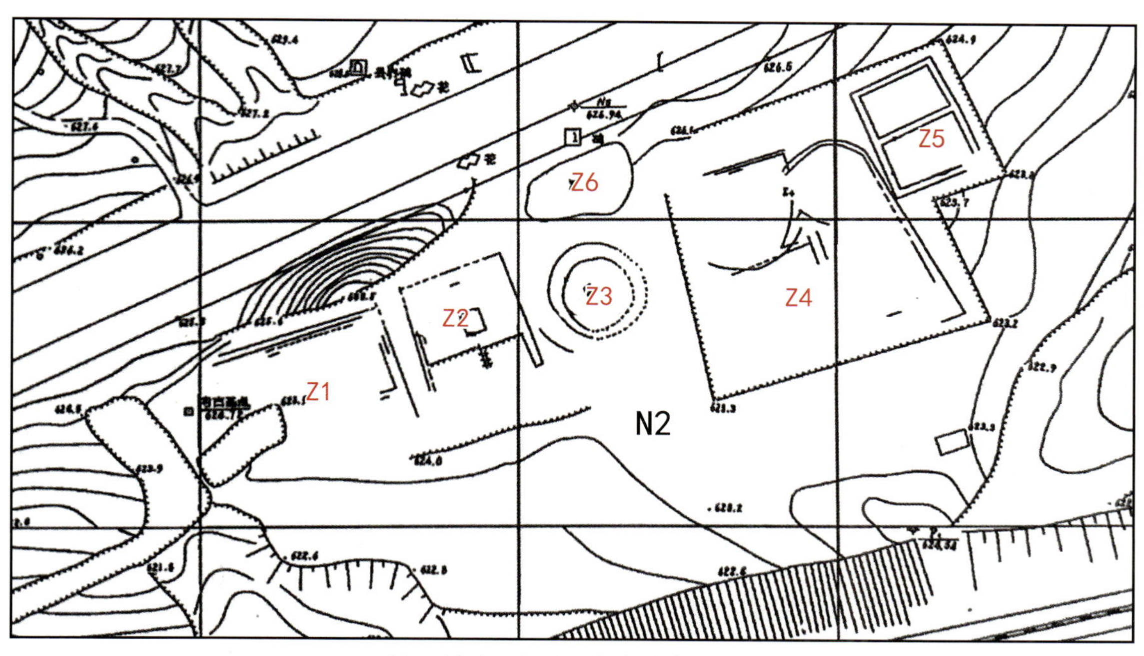


第二地点（N2）遗迹分布图

第二地点的各个积石冢都不同程度地保留了地上的冢体建筑，冢体上只有自然覆盖的土层或近代开辟为耕地后对自然覆盖层和冢体地上部分的人为扰动层，除偶在人为扰动层中发现有战国陶片外，未见晚期文化堆积。

遗存总体保存较好。上、下层积石冢都部分保留有在原位排列的筒形器群。冢 4 保存

第二地点全景图

有上层积石冢与下层积石冢明确的地层叠压关系且陶器形制也随地层有相应变化，这为牛河梁遗址其他地点的分期提供了依据。上层积石冢除冢6以外的每个冢都保存了较多的冢界，可看出冢的基本形状和基本结构；下层积石冢的遗迹在冢4南部保存较多，这部分保存下来的下层积石冢，多数也可看出整体形状和结构。第二地点已发现的50座墓葬中，有10座属于下层积石冢时间段，其余都属于上层积石冢。

冢4上、下层叠压关系和墓葬分布（M代表墓葬）

## 上层积石冢

上层积石冢是第二地点的主体部分，规模大且多冢组合，为五冢一坛，东西排列，分布疏密适度。冢有方形（冢2）、长方形（冢1、冢5）、圆形（冢3）、方圆结合形（冢4）多种不同形状。冢6部分压在现公路下或在筑路时被严重扰乱，保存下来的冢界、冢体残迹已无法辨认其具体形状和结构。

6个冢之间有主次之分：

冢2为第二地点诸冢中的主冢。有中心大墓，位于山岗的顶部，在诸冢群中处于中心位置。中心大墓的墓壁起3层台阶，墓口上有方形冢台，围绕冢台的外冢界也起3层石阶，这种结构在牛河梁遗址已发掘的墓葬中是超群的。

冢1共发现红山文化墓葬25座，是这个地点拥有墓葬最多的1个冢。冢1中部的两座大墓都是一侧起台阶的土圹砌石墓，规格要低于二号冢中心墓。

冢3是1个祭坛，紧靠主冢（冢2），也处于第二地点冢群组合的中心位置。坛体内无墓葬，显然不是墓地，而是牛河梁遗址和其他红山文化遗址所见祭坛中规模最大、结构较为复杂也较为明确的一座祭坛。坛体为3层正圆形，由外向内，层层高起，立石规格也层层缩小，选料和构筑都较为别致和讲究。

冢2全景

冢3全景

冢4是第二地点积石冢中冢体结构和地层关系比较复杂的一组积石冢，冢体由下层积石冢和上层积石冢两大部分组成，冢体的中部明显可见下层积石冢被上层积石冢叠压的地层关系。

冢5位于第二地点的最东边，与第二地点其他冢相比，位置明显偏向东北，面积也是最小的。

冢6是第二地点位置最靠北的一座积石冢，位于冢3的北侧，冢体内发现的陶筒形器碎片较少，墓葬也仅在冢体西部发现了1座。

## 下层积石冢

下层积石冢（或称“敷石冢”）中每个冢的规模都较小，诸冢有东西成行排列且冢间距甚小甚至相接的现象。冢多数为圆形界线，个别冢显露出方形或长方形冢界的迹象。内外全封的陶筒形器沿冢界环列1周，形成平面为圆形的“墓域”。冢顶平，冢上以积碎石为主，个别有较大石块。多数冢上曾发现过陶“塔”形器的残件。每个冢内都只有1座墓，位于冢的中心，为竖穴土坑式，墓壁局部嵌、立石板，砌筑得都不够规则，尚未出现成形的石砌墓室。墓一律为南北向，墓主头向或南或北，多无随葬品，少数墓有带盖陶瓮（罍）、斜口筒形玉器等随葬器物，且多数为单件随葬。

冢4南部下层积石冢墓

# 埋葬制度的重大变革

从下层积石冢与上层积石冢的联系与区别中，可以看出当时的埋葬制度正在发生变革。

下层积石冢的结构、墓葬的结构与布置、陶器种类和摆放位置都可证明，积石冢的许多内含因素，在下层积石冢中都已具备，而上层积石冢的主要特征大都是从下层积石冢中承袭而来的。但与下层积石冢相比，上层积石冢占地面积大为扩展，所用积石个体更大、数量更多、选料更讲究。上层积石冢在结构上已有明确的冢界、冢台、冢阶和封土积石，形成了固定、规则的冢体；冢内墓葬数量也大为增加，规模扩大，墓室砌筑整齐、规整，尤其是已出现明确的中心大墓。中心大墓与其他墓葬依墓葬规模，结构，随葬玉器的数量、种类而形成若干等级，较之于下层积石冢，显然是经历了一次突变。

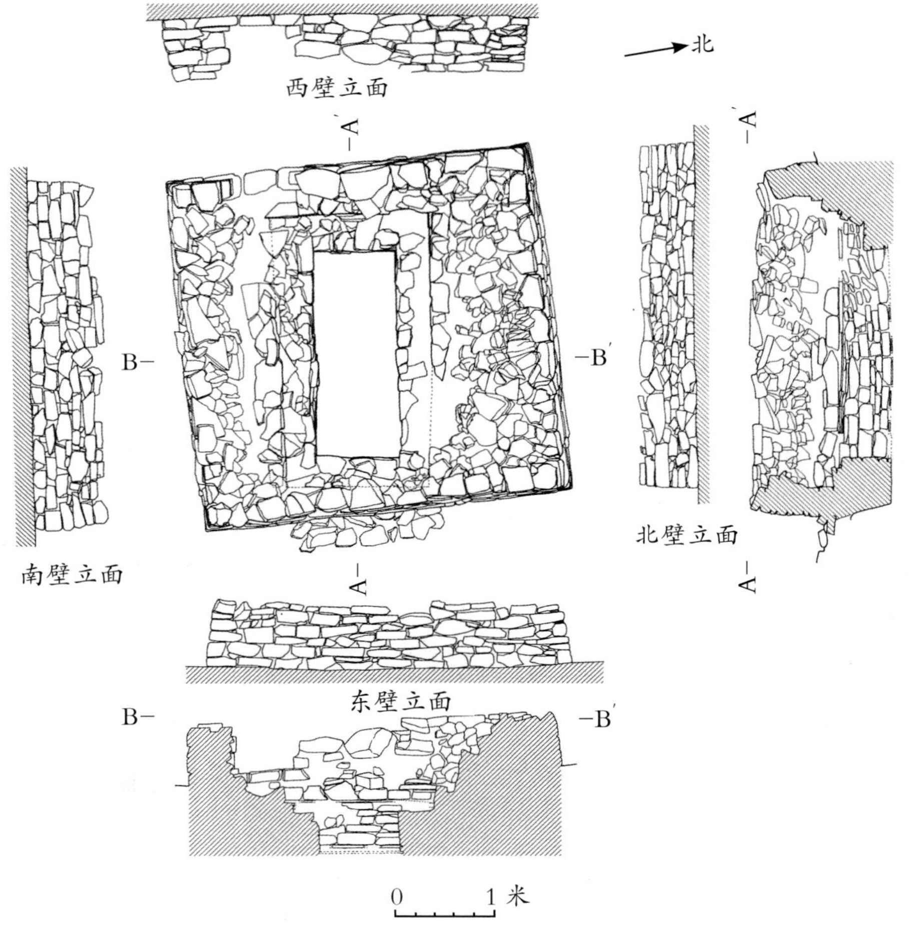


上层积石冢中心大墓（N2Z2M1）平、剖面图与冢台四壁立面图

这座积石冢的冢台保存完好，提供了较多的人为活动信息，是一处不可多得的上古地上建筑遗迹。冢台从原地表向上砌筑，形成地上建筑部分。此冢在用料和砌法上，四壁各有不同，每壁的上、下也有不同。墓室在方形冢台之下，发现时残破严重，只发现了一段人骨，所得信息较少。

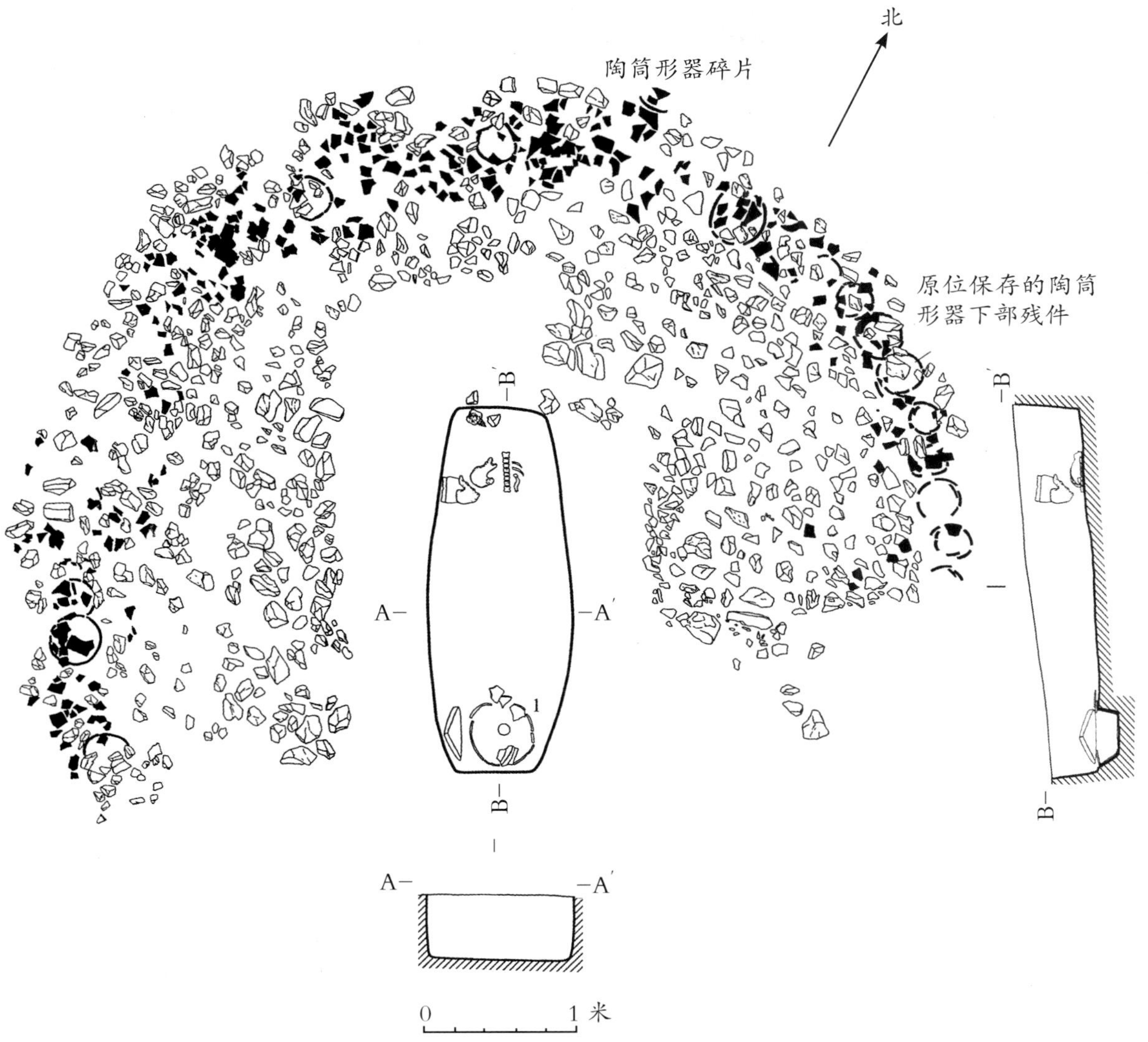

北

陶筒形器碎片

原位保存的陶筒形器下部残件

0　1米

下层积石冢墓葬（N2Z4M6）平、剖图

此冢依陶筒形器围成的圈测定的冢界直径约6米。其东南半侧的冢体与筒形器圈因临冲沟而全部被毁掉，西北半侧剩余部分也已残碎严重，陶筒形器的残陶片形成一环状条带堆积，条带宽60～80厘米，厚约20厘米。共清理出14件原位保存的陶筒形器下部残件。

墓葬只有1座，在冢的中心部位，为竖穴土坑墓。墓主已迁出，仅有少量胸椎骨。墓主脚下接近墓圹位置随葬1件带盖彩陶翁（罍），出土时已残碎。在接近冢界的陶筒形器圈范围内也有一层厚约15厘米的角砾碎石敷封，但在中心墓附近的角砾碎石略少。

伴随着积石冢形制的演进，一些埋葬习俗也发生了重大变化，如积石冢内墓葬的方向，由下层积石冢的南北向改变为东西向；下层积石冢中，有随葬品的墓内多随葬陶器，随葬玉器的较少，而上层积石冢墓内的随葬品中，陶器基本不见，几乎全部为玉器，并且玉器的类别迅速增多，工艺复杂的高等级玉器多有出现。

下层积石冢墓葬（N2Z4M6）随葬的带盖彩陶瓮（罍）

泥质红陶，瓮（罍）口径 13.2 厘米，腹径 42.4 厘米，底径 12 厘米，高 42.36 厘米；盖径 18.9 厘米，高 7.2 厘米；器通高 49.2 厘米。

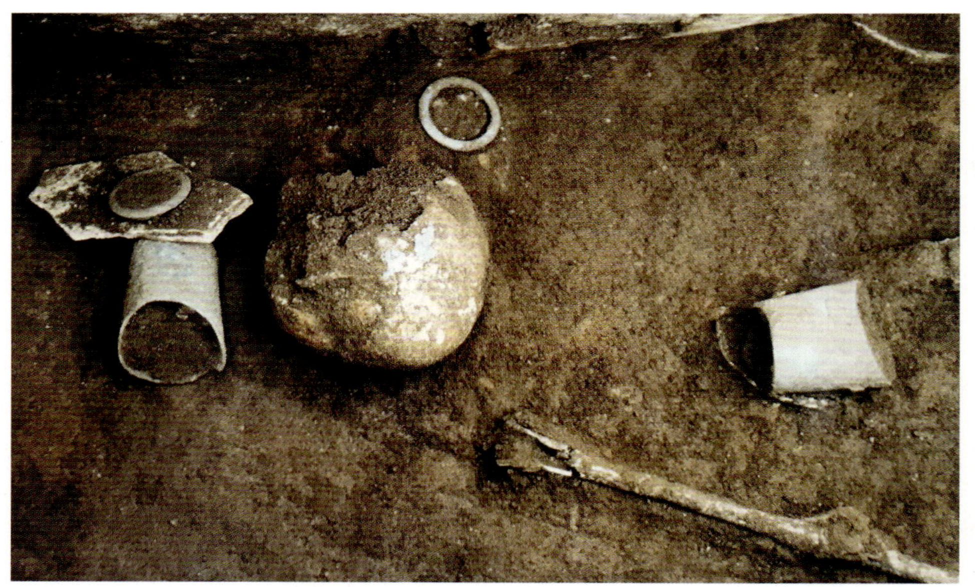

上层积石冢墓葬（N2Z4M15）玉器出土情况

从下层积石冢与上层积石冢之间的变化可以看出，这次突变极为清晰也极为激烈，是牛河梁遗址红山文化时期在埋葬制度上的一次重大变革。

# 积石为冢 第三地点

第三地点（N3）的积石冢在所发掘的几个地点中是最小的，而且是一个独冢。在牛河梁遗址区所处位置最靠近第二地点（N2），且位置高于N2，由N3所在的山岗向北，可看到N2全景，又正对N2的中心大墓和祭坛，而N2是现知牛河梁遗址群中规模最大的积石冢群，再向北的山梁就是女神庙的分布范围。所以，第三地点虽然规模小，但在整个牛河梁遗址群中仍有其特殊的地位。

## 地理位置与自然环境

第三地点（N3）位于凌源市红山街道哈海沟石灰窑子村北、牛河梁南侧一道山梁的山岗上，海拔为641.3米，村南有一条由东向西流的季节河，四周丘陵起伏，地势比较开阔。山梁南面遥对着当地人俗称的“鹰山”。第三地点所在的山梁为东西走向，由第三地点向西，附近同一山梁上还分布有第四、第五地点积石冢（N4、N5），3个地点基本呈一条直线分布，第三地点西距第四、第五地点分别为577米和882米。由第三地点向北，隔锦承铁路为第二地点积石冢（N2），两个地点相距190米，第三地点地势高出第二地点10多米，站在第三地点岗顶，可俯视第二地点全貌。由第二地点再向北为第一地点女神庙，第三地点与第一地点之间的距离为1000多米。



从第二地点南望第三地点

# 遗迹与遗物

## 冢体概况

第三地点规模小，而且扰动严重。从陶筒形器的形制变化可知，此冢也曾有下层积石冢遗迹，现已不存，只保留上层积石冢。其结构与墓葬布局，与 N2、N5、N16 相比较，有共同性，但又有自身特点。

第三地点所在的山岗顶部及四周地表上散布有石灰岩石块和泥质红陶筒形器残片，散布范围东西长约 26 米，南北长约 29 米，面积约 754 平方米。

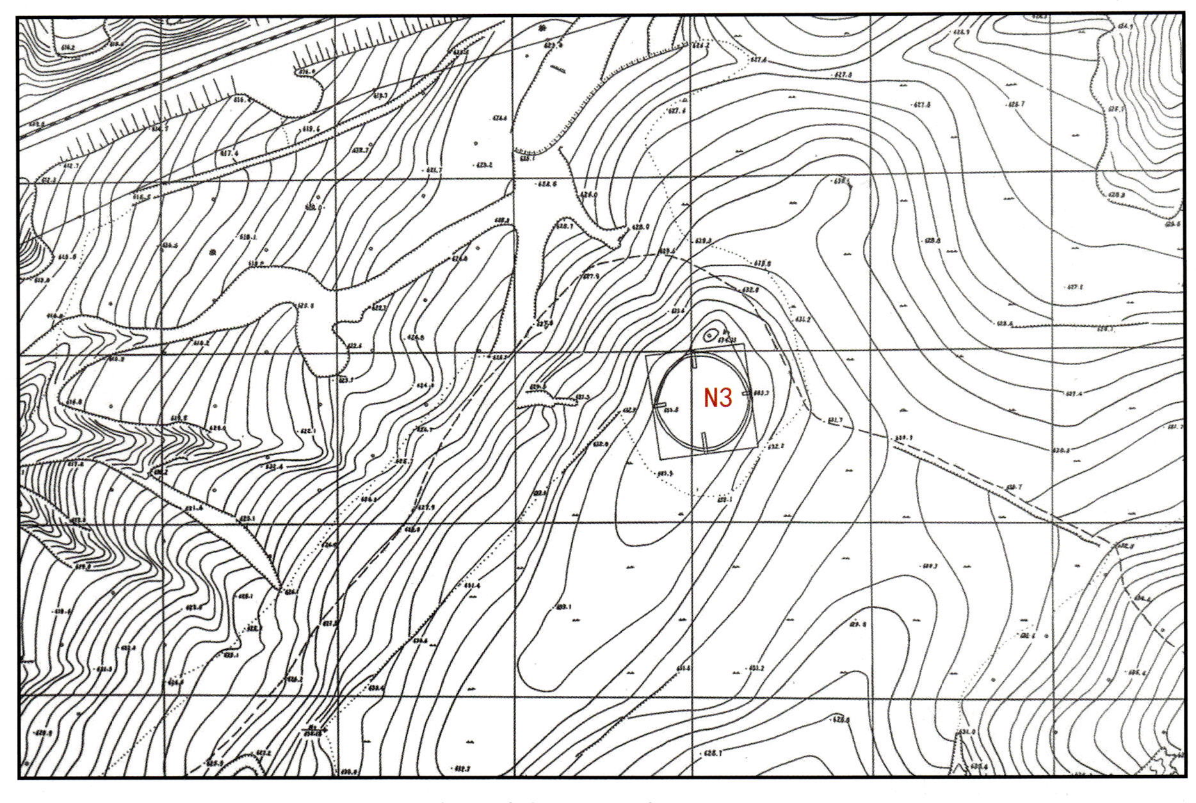


第三地点（N3）地形图

积石冢地上部分扰动很大，但是可以确定这是一个独冢，其外形随山就势，中心高而四周略低。在山岗最高处的中心部位修建中心墓葬，中心墓葬的南侧和西南侧还有其他墓葬。

冢体周围明确的冢界已经不存在了，未见原状保存的冢界石墙，已无法判断冢体地上部分的整体结构。

第三地点全景





## 环沟

在第三地点的外缘围绕积石冢挖有 1 条平面接近圆环形的封闭式土沟——环沟。

此环沟均匀地围绕在积石冢四周，打入风化基岩层。因为第五地点冢 1 也发现有一段环沟，所以不排除第三地点的环沟为该地点积石冢组成部分的可能性，但因沟内出土既有红山文化遗物，又有战国到汉代遗物，且埋藏情况有一定的复杂性，其时代有待进一步发现来证实。

## 石匣

位于冢的中心部位，紧邻中心墓，虽无遗物出土，但所选石料、砌筑都很讲究，结构也有一定的复杂性和特殊性，应是与中心墓有关的规格较高的建筑，推测可能与在积石冢举行祭祀有关。

第三地点石匣和石墙

## “黑土带”堆积

围绕积石冢中心部位的东北和西南，各有1条向内环抱的土沟，土沟有一定深度，沟壁较为整齐，说明是经过人工加工的。沟内黑土堆积中有大量积石冢砌石，第三地点的墓葬也大部分置于西南一侧的“黑土带”堆积内，说明N3在营造积石冢冢界和墓葬时，有先挖沟槽的程序。“黑土带”堆积以外很少有积石冢堆积，说明“黑土带”堆积应与N3的冢界有关。

第三地点东部“黑土带”堆积中的砌石堆积

## 陶塑人像面部残件

这件陶塑人像面部残件出土于环沟西北部的堆积土内，泥质红陶，加少量石英岩颗粒，烧制火候较高，正面抹光，背面不平，其下部接近残断处有两个明显的手指尖压印的痕迹。陶塑人像残件的面部与真人大小相当，塑造写实，以高超的艺术手法表现出庄重的神态，应为崇拜的神像。但与女神庙大规模的泥塑神像群有所不同，联系东山嘴等遗址所出规模相近的陶塑人像，似乎说明当时的祭祀有不同层次。此陶塑人像在积石冢发现，应该是在积石冢举行祭祀活动的重要证据。

**第三地点出土的陶塑人像面部残片**

陶塑人像面部残件呈片状，上、下最宽分别为 8.8 厘米、7.8 厘米，左、右最高分别为 8 厘米、6 厘米，上、下最厚分别为 1.8 厘米、2.4 厘米。

# 双冢一坛 第五地点

第五地点为双冢一坛，两冢呈东西排列，中心墓置于东冢，不在整个地点的中心，但在东冢的中心部位，西冢未见大型墓。第五地点的地层文化堆积分为 3 层，代表了第五地点红山文化的 3 个发展阶段。

## 地理位置与自然环境

第五地点（N5）位于辽宁省凌源市红山街道哈海沟村庙前村民组东北、石灰窑子村民组西北约 700 米处的一个小山岗的顶部，因岗顶置有指示大地测量基点的木质三脚架，故当地俗称“架子山”。101 国道和锦承铁路由山岗北侧通过。遗址所在的山岗呈东北—西南向，东北与西南两端稍高，中间低，又以东北端最高，最高点海拔为 616 米。该遗址处于牛河梁

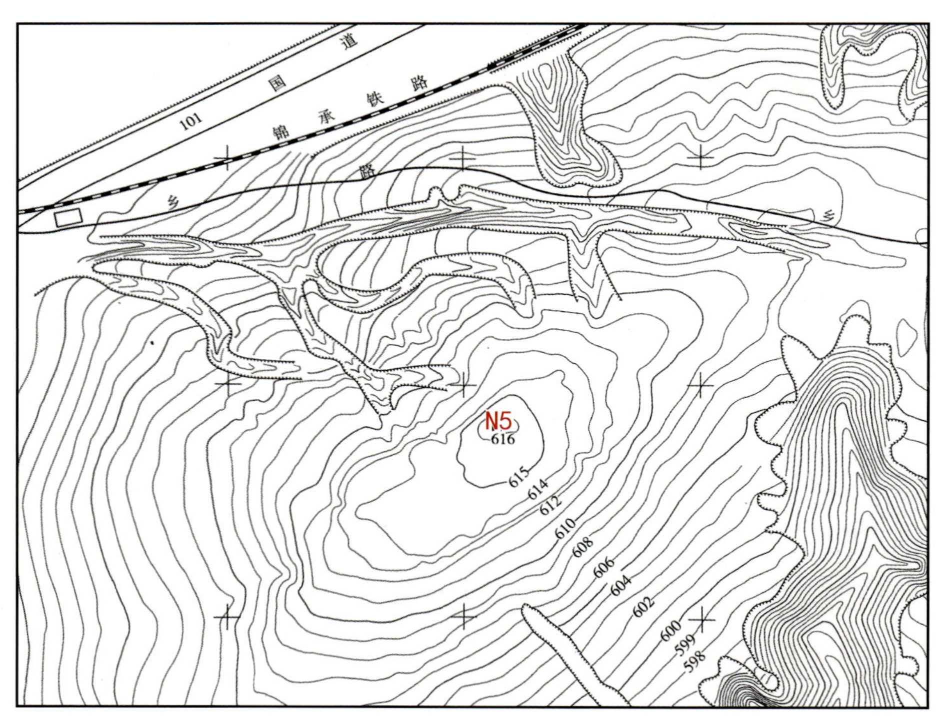


第五地点（N5）地形图

遗址群的中心地带，东北距第一地点女神庙遗址约 2000 米，距第二地点积石冢约 1000 米，距第三地点积石冢约 1000 米。第五地点又与第四地点处于同一山梁上，距第四地点积石冢约 400 米，山梁为东西走向，梁顶地势平缓，较为开阔，已被开辟为耕地，主要种植玉米和小米。第五地点以北为丘陵山地，海拔高度在 550 ～ 650 米之间，植被较好，主要为人工种植的松林；南部为东北—西南走向的努鲁儿虎山脉，最高海拔近千米；高山与遗址所在山梁之间是低缓的沟谷，海拔高度在 400 ～ 500 米之间，哈海沟、石灰窑子两个村落就散布其间。在第五地点向西南眺望，正对形似猪首的木兰山（当地人称为猪首山）。

20 世纪 70 年代末到 80 年代初，辽宁省开展第二次文物普查。这次普查在凌源、喀左、建昌、建平、朝阳、阜新、彰武、康平等地共发现红山文化遗址上百处，牛河梁遗址就是 1981 年 4 月在建平县的文物普查中被发现的（当时发现的是第二地点）。1983 年 10 月，又发现了牛河梁遗址第一地点（女神庙遗址等）。在对第一、第二地点进行发掘的同时，对附近区域进行了考古调查，发现了第三、第四、第五地点。此后，对第五地点共进行了 4 次发掘工作，基本搞清了第五地点的地层堆积、积石冢的平面布局和各冢的详细结构等情况。



从第五地点南望猪首山

# 层位关系和积石冢布局结构



## 层位关系

第五地点地层堆积可分为 3 层，其早晚关系为：下层遗存—下层积石冢—上层积石冢。

下层遗存中虽没有见到房址，但发现排列较密集的灰坑及大量生活用陶器、石器、骨器等，这些遗迹、遗物说明早在建冢之前，红山先民在这里活动过。

石钻　　石叶　　骨器

陶钵

石磨棒

第五地点下层遗存中出土的生产、生活工具

下层积石冢建在下层遗存之上，对原地表进行了平整铺垫，堆积层次十分清晰。上层积石冢建筑在下层积石冢之上，两者的叠压关系非常明确。从下层积石冢阶段开始，第五地点已不见日常生活遗迹，而是专作为墓地使用的。

第五地点有下层积石冢与上层积石冢的叠压关系，验证了第二地点下、上层积石冢的地层关系，又在下层积石冢下发现了更早的层位，为其他地点零散出现的早期遗存提供了断代标尺。

## 积石冢布局结构

下层积石冢阶段，在第五地点东北和西南两个高点上，修建了两个积石冢。遗迹包括3部分：积石冢（2座）、祭祀坑（9个）、灰坑（1个）。

下层积石冢形制简单，在地表平铺一层小石块，冢内墓葬规模不大，墓壁用石块垒砌或用单层石板相互拼接斜置或立置而成，不见石盖板和底板。积石方法、墓葬结构和陶筒形器的形制均与第二地点冢4南部下层积石冢相同，代表了牛河梁遗址积石冢的早期阶段。



此阶段使用祭祀坑进行祭祀活动。这是首次在红山文化积石冢中发掘出的祭祀坑，为下层积石冢充实了新的内容。9个祭祀坑几乎排列在一条直线上，其中一些祭祀坑的堆积十分复杂，有的坑内出土有完整祭器，说明当时的祭祀活动繁复而隆重。9个祭祀坑的共同特点：坑口平面呈圆形，坑底多经过火烧烤，形成硬面，坑内填白色细沙土。

发掘前　　发掘后

第五地点下层积石冢的祭祀坑

上层积石冢阶段，在第五地点东北高点上修建了 1 个圆形积石冢（一号冢），在西南高点上修建了 1 个方形（或长方形）积石冢（二号冢），在两个积石冢之间，修建了 1 个长方形祭坛（三号冢），形成了两冢一坛的布局。这既不同于第三、第十六地点的独冢，也与第二地点的群冢有所差别，为积石冢提供了 1 个新的组合关系。

第五地点全景

上层积石冢的形制或方或圆，冢体隆起。用大石块砌筑成多重冢界，砌筑得十分规整，周围摆放排列密集的陶筒形器，规模宏大，结构复杂。一号冢内有中心大墓，中心大墓圹穴宽大，墓室砌筑规整。尤其是在一号冢西南侧发现了一段环沟，可与第三地点环沟相互补充，对研究上层积石冢的形制很有意义。这一阶段使用祭坛进行祭祀活动，在三号冢北部石块下发现的 4 具二次葬人骨，可能与祭祀活动有关。另外，在一号冢的原地表发现有大面积的经火烧烤的痕迹，表明还有其他的祭祀方式。

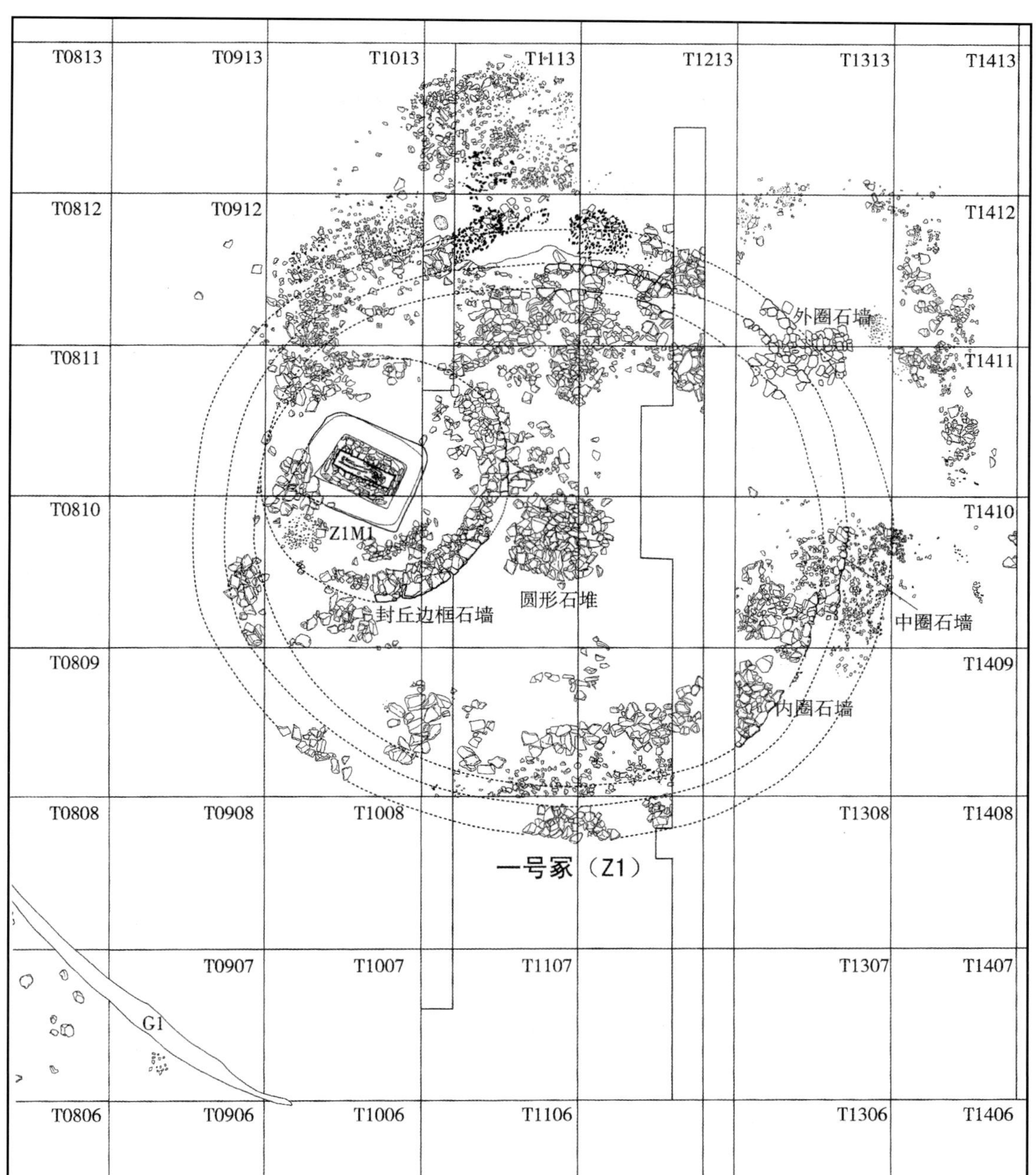


第五地点一号冢（N5Z1）平面图

一号冢由环沟、冢体和冢内墓葬（1座）构成。在冢体西南部保留有一段环沟（G1），现存长约16米。环沟内填土为灰黑色，含石块，出土少量泥质红陶筒形器片。

冢体由土石合筑而成，冢界墙用大石块垒砌。依据现存的冢积石墙，可以推断冢体平面呈圆形，由3圈冢界墙环绕：内圈石墙保存状况较好，在冢体东南部、东北部和北部各保留一段，走向清晰；中圈石墙保存次于内圈石墙，在冢体东部、东北部和北部各保留一段；外圈石墙保存最差，仅在冢体东北部保留一小段。3圈石墙都只存底部，因此石墙是否由外向内逐圈升高进而形成台阶已不可知。

在冢体北部、南部外圈石墙外侧有一层人工铺垫的黄土，散落着陶筒形器残片，且可以看出陶筒形器当时并未埋入土中，只是摆放在上面。

# 祭器与随葬品

在下层积石冢阶段，开始大量出现和使用彩陶筒形器、彩陶罐作为祭祀用器，但同时不排除在祭祀坑中还使用钵、筒形罐这类生活陶器。到了上层积石冢阶段，陶筒形器数量剧增，个体更大，彩陶罐仍然使用，新出现了特型祭器，而生活陶器基本不见。

下层积石冢阶段，墓葬中表现出只随葬玉器的特点，此时玉器的数量很少，仅见玉镯。到了上层积石冢阶段，随葬玉器的数量和种类大大丰富，数量、质地、大小等方面与墓葬的规格是相对应的。

第五地点一号冢 1 号墓（N5Z1M1）墓室与玉器出土情况

上层积石冢的一号冢只有一座墓葬，墓葬规格很高，随葬玉器有 7 件，都十分精美。墓主人为 50 岁左右的成年男性。

由此可以看出，随着积石冢的发展与演变，墓地中生活用陶器的数量逐渐减少，专用祭祀陶器的数量激增。随葬品的种类也有增加，墓葬中以随葬玉器为主，彩陶祭器摆放在冢外。第五地点二号冢2号墓（N5Z2M2）中随葬的彩陶罐也放在表层的“脚箱”中，而不与玉器共同放在墓主人身边，强烈地反映出红山先民对玉的崇拜。

第五地点二号冢2号墓葬（N5Z2M2）在墓葬表层圹口部用石块围砌成一个不规则的小石匣，内置一件彩陶罐，具有脚箱性质。

## 陶器的发展变化

下层遗迹和地层中出土了大量的日常生活用陶器，夹砂陶和泥质陶各占一半，筒形罐和钵是数量最多的两类陶器，两者的数量大体相当。此外，还有斜口器、盆、瓮、器盖等陶器，但数量不多。平行短线纹是最主要的纹饰，其次是“之”字纹、戳印堆纹。彩陶纹样中以黑彩平行线纹最常见，并出现了菱格纹、三角纹和单勾纹。

第五地点下层遗迹中出土的斜口器

第五地点下层遗迹中出土的陶片纹饰拓片

下层积石冢阶段，在地层和墓葬填土中出土的日常生活用陶器数量较多，筒形罐和钵仍是生活用陶器的主要器类，新出现了陶鼓腹罐、陶束颈罐。出现了专用于祭祀的陶器——筒形器，并成为数量最多的器类。夹砂陶比例下降，约占20%；泥质陶比例大幅上升，约占80%。“之”字纹成为最主要纹饰，其次是戳印堆纹，下层遗存流行的平行短线纹较少见。彩陶纹样有黑彩平行线纹、菱格纹、单勾纹，并出现了双勾涡纹。

上层积石冢阶段，只是在积石冢的封土、垫土和墓葬填土中出土了数量不多的生活用陶器。其中，陶钵的数量最多，还有筒形罐、斜口器、盆、瓮等陶器。这些陶器的形制、纹饰等与下层遗存和下层积石冢阶段出土的同类器没有区别，可以说，这些生活用陶器都不专属于上层时期。作为专门的墓地，上层积石冢出土数量很多的祭祀陶器，均为泥质陶，

以陶筒形器为主，并出现了陶“塔”形器。在采集的遗物中有一种镂孔盖形器，也应属于这一时期。彩陶纹样丰富，双勾涡纹最常见，还有三角折线纹、细平行线条带纹、宽条带纹、三角纹等。

在日常生活用的两大类陶器中，陶钵基本无变化。下层积石冢阶段，陶钵的形制与下层遗存的陶钵完全一致，只是增加了一种黑陶折腹钵。陶筒形罐则有明显变化，下层遗存的陶筒形罐口沿略内敛，口径与器高基本相当；下层积石冢阶段，陶筒形罐口沿外敞，口径大于器高。

祭祀陶器中，筒形器的形制变化比较大，时代特征明显。下层积石冢阶段，筒形器口部内敛，口沿向外平折，鼓腹，底沿外撇，内侧多见折棱。上层积石冢阶段，筒形器直口，口沿外卷，有较长的颈部，颈腹交接处多起棱线，腹部较直，底沿平，内侧多经削修，有的起台面。

另外，在下层积石冢阶段的第五地点二号冢 1 号祭祀坑（N5JK1）和上层积石冢阶段的第五地点二号冢 2 号墓（N5Z2M2）中各出土 1 件双耳彩陶罐，前者罐体瘦高，双耳在下腹部，后者罐体矮胖，双耳在肩部；虽然两者形制差异较大，但由于是孤例，尚不能断定是时代不同所致。

N5JK1 出土彩陶罐线图及纹样

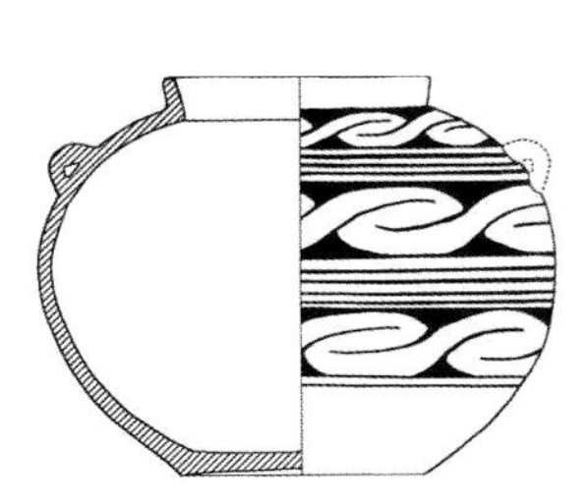

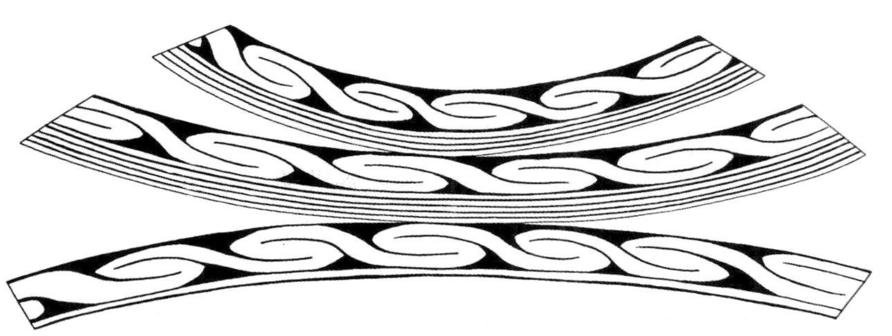

N5Z2M2 出土彩陶罐线图及纹样

# 双文化遗迹 第十六地点

第十六地点是已发掘的 4 个地点中位置距女神庙最远的一处遗址点。这个地点也是积石冢性质，与其他地点的积石冢相比，在结构、内容上以共同点为主，又表现出一些自身的特点。有十六地点上层积石冢阶段遗存为一座积石冢，在此地点还发现了晚于红山文化的夏家店下层文化房址、灰坑等遗迹。

## 地理位置与自然环境

牛河梁遗址第十六地点位于辽宁省凌源市红山街道三官甸子村下河汤沟村民组西北约 1000 米的山丘顶部，因地表可见夏家店下层文化遗址的砦墙（与现在的寨比较接近，砦是四面通达的村子，寨指的是四周有围墙的村子），所以被当地人俗称为“城子山”。遗址南北长 104 米，东西宽 76 米，面积为 7904 平方米。遗址中心区海拔高度为 555.5 米，遗址地势高出周围丘陵地表约 5 米，高出附近河汤沟、窑沟两村落约 60 米，高出现代河床约 150 米。遗址东北距建平县城 23 千米，西南距凌源 7 千米。该地区是辽西通往河北、内蒙古的交通要道。101 国道、锦承铁路在遗址的东侧通过，铁朝高速公路在牛河梁红山文化遗址群保护区外的东南穿过。

远望第十六地点

遗址东部约700米坡下为河汤沟沟谷，西部约650米坡下为窑沟沟谷，北部依托丘陵台地，西南约3000米坡下为大凌河西支河谷。丘陵台地被开辟成农垦带，主要种植玉米、高粱、大豆和谷子，山坡地栽种人工油松林，沟谷发展生态农业，村落散布其间，形成耕地、林地、生态农业、村舍呈地带性分布格局，周围灌丛环绕，自然植被良好。

从牛河梁遗址的第十六地点向北回望，东北是一条高大的石灰岩山脉，西北是一条陡峻的花岗岩山脉，两山脉以东北—西南走向平行斜列于东西两侧，最高海拔均接近千米，受东、西两侧山脉的挤压以及第四纪燕山期侵入岩的影响，牛河梁第一地点呈褶皱状隆起于该地点的正北方向；由第十六地点向南远眺，有一地质构造形成的单斜山——木兰山呈东北—西南向扼守于东南，此山在喀左方向上形成陡崖，在凌源方向上形成猪背岭，主峰东、西两侧双峰耸立，形似猪耳，中间形似猪首，当地人称之为“猪首山”；其间在地表裸露着古老的片麻岩、海拔400～700米的丘陵盆地岗丘上，有规律地分布着牛河梁遗址群的各个积石冢地点。第十六地点遗址北部依托蜿蜒而来的丘陵岗丘，西南面向大凌河西支河谷，如长虹饮涧般雄踞于遗址群西南。

从整个遗址区来看，第十六地点位置在遗址区西部偏南，是牛河梁第一道梁向西南凌源市延伸的最南端的一块丘陵高台地。遗址东北距第一地点女神庙直线距离约5250米，向东隔谷壑1500米为第十三地点，由第十六地点与第十三地点的延长线再向东1500米为第十四地点，第十六、第十三与第十四地点呈一直线等距分布。

由第十六地点远望猪首山

# 地层堆积与遗存情况

第十六地点坐落在岗丘顶部的坡地上，与周围地表形成三级缓坡台地。第一级台地海拔为 550 ～ 552 米，地表裸露生土；第二级台地海拔为 552 ～ 554 米，地表裸露生土；第三级台地海拔为 554 ～ 556.5 米，这里是遗址发掘的主要位置，土层堆积较厚，地表裸露黄沙土和石块，下为生土和基岩。台地呈东北—西南走向，与基岩走向一致，方向北偏东 20° 。整个地势西高东低，自西北向东南倾斜，略呈斜坡状，高差约为 2.5 米；在遗址西半部沿东北—西南方向上地势又较为平缓，北段稍高，南段略低，近水平状，高差约为 1.5 米。

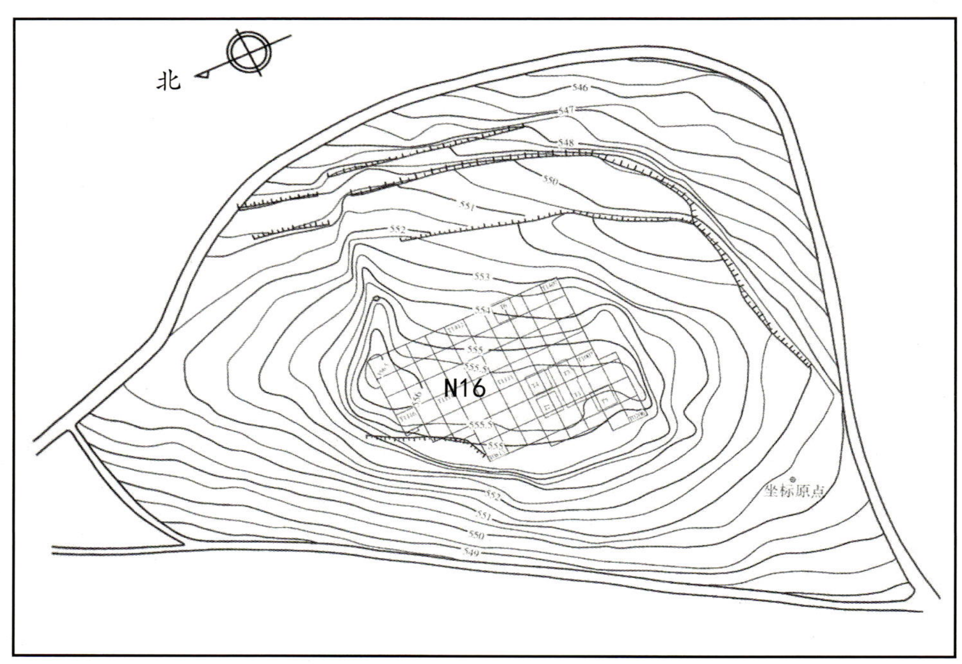


第十六地点（N16）地形图

第十六地点两次发掘的面积共计 1738 平方米，共发现夏家店下层文化房址 8 座、窖穴 3 个、灰坑 96 个、灰沟 7 条、砦墙 2 段，红山文化积石冢 1 座、墓葬 12 座，基本搞清了第十六地点遗址的地层堆积与文化面貌、红山文化积石冢的平面布局与冢体结构及冢内墓葬的早晚关系等情况。由于第十六地点红山文化积石冢墓葬 M4、M14 的发现与发掘及其所取得的学术成果，使得牛河梁第十六地点的发掘被国家文物局评为 2003 年度“中国十大考古新发现”之一。

遗址各处文化层堆积不尽相同：西半部堆积较厚，最厚处达 1.5 米，以红山文化堆积为主；东半部堆积较薄，为 0.3 ～ 0.6 米，以夏家店下层文化堆积为主。其中，夏家店下层文化堆积已暴露于地表，在地表隐约可见一个个大小不等的圆形灰土圈，每个灰土圈基本代表着 1 个夏家店下层文化的遗迹单位。加之附近村民多年在遗址上破土取石，使遗址地面形成了许多大小不等、深浅不一的扰坑，大量红山文化时期的陶筒形器残片被翻动到地表，积石冢的冢体也遭到了不同程度的破坏。

第十六地点全景图

## 多组层位关系

红山文化与夏家店下层文化的地层关系明确，这为牛河梁遗址红山文化积石冢与夏家店下层文化之间的早晚关系提供了一组完整资料和确凿证据。也正因为如此，此地点的红山文化积石冢受到较大扰动，特别是红山文化晚期积石冢的地上部分，大部分被夏家店下层文化时期的人们所搬动，有的石料或许被用于夏家店下层文化遗迹中。

第十六地点有明确的下层积石冢和上层积石冢的地层叠压关系，以及各层出土的典型陶筒形器，验证了第二地点和第五地点下、上层积石冢的层位关系。第十六地点下、上层积石冢以筒形器为主的陶器的演变也与第二、第五地点的相同，说明这和下、上层积石冢的划分，在牛河梁遗址诸积石冢中具有普遍性。





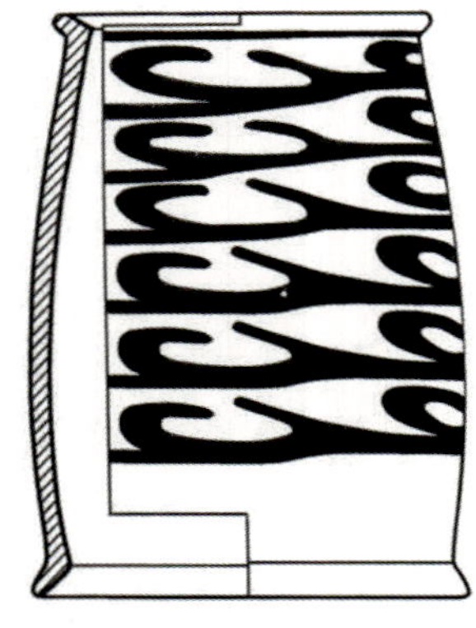
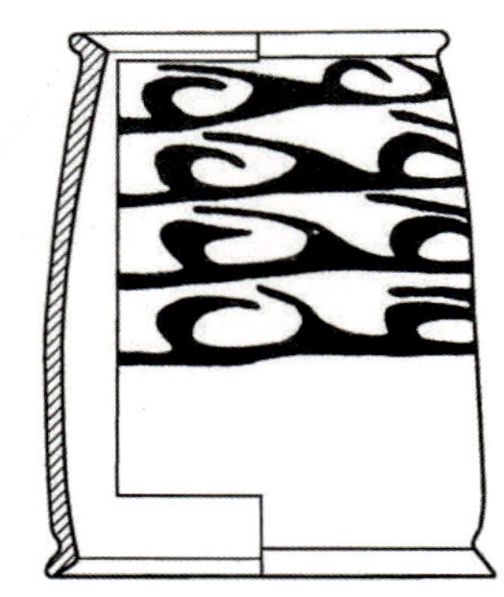
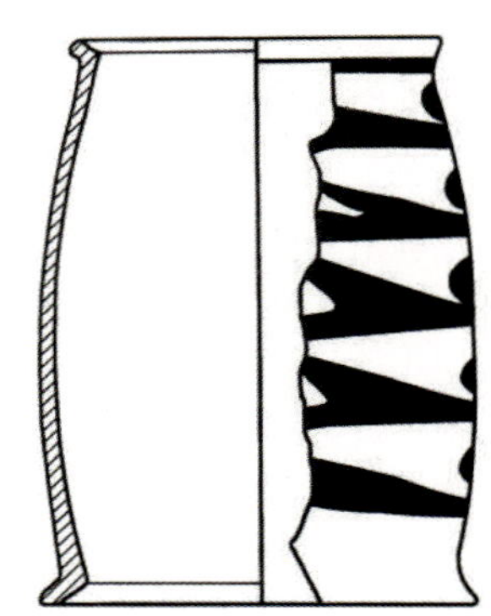

第十六地点下层积石冢出土的陶筒形器线图

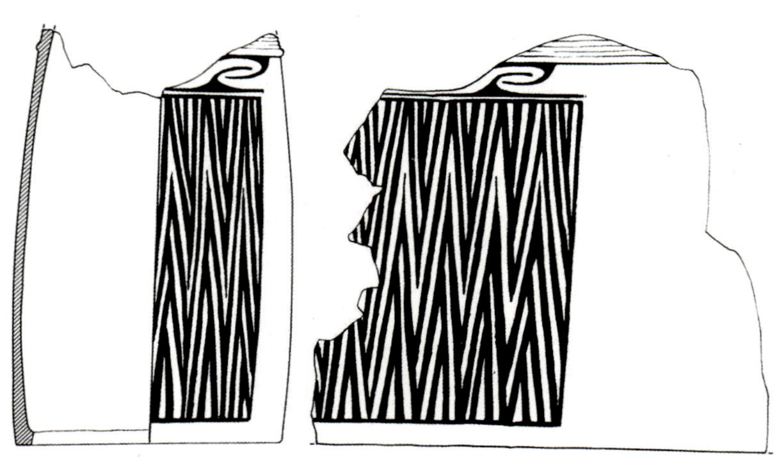

第十六地点上层积石冢出土的陶筒形器线图

## 积石冢结构特点、墓葬及组合关系

第十六地点上层积石冢阶段遗存为一座积石冢，从仅保存的冢界残段可看出，该冢所用石料为牛河梁遗址诸积石冢多用的白色石灰岩，冢界为长方形，所用石料规格较大，整个冢的规模也很大。

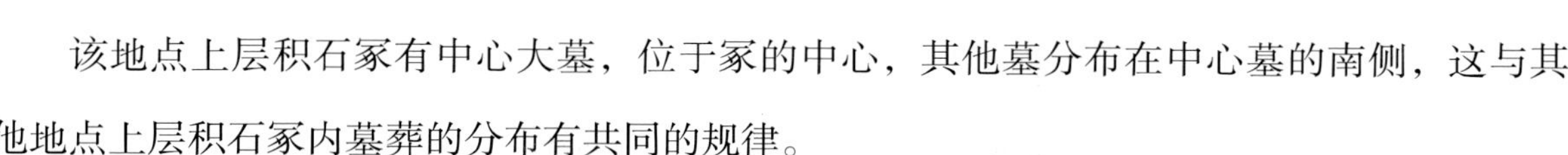

该地点上层积石冢有中心大墓，位于冢的中心，其他墓分布在中心墓的南侧，这与其他地点上层积石冢内墓葬的分布有共同的规律。

上层积石冢的中心大墓（N16M4）特意选择在坚硬的花岗岩石脉上直接凿筑出墓穴，既与其他地点在风化基岩上筑墓有相同之处，其构筑难度又远高于其他地点诸墓葬，这是此墓主人具有较高等级地位和身份的一个重要标志。

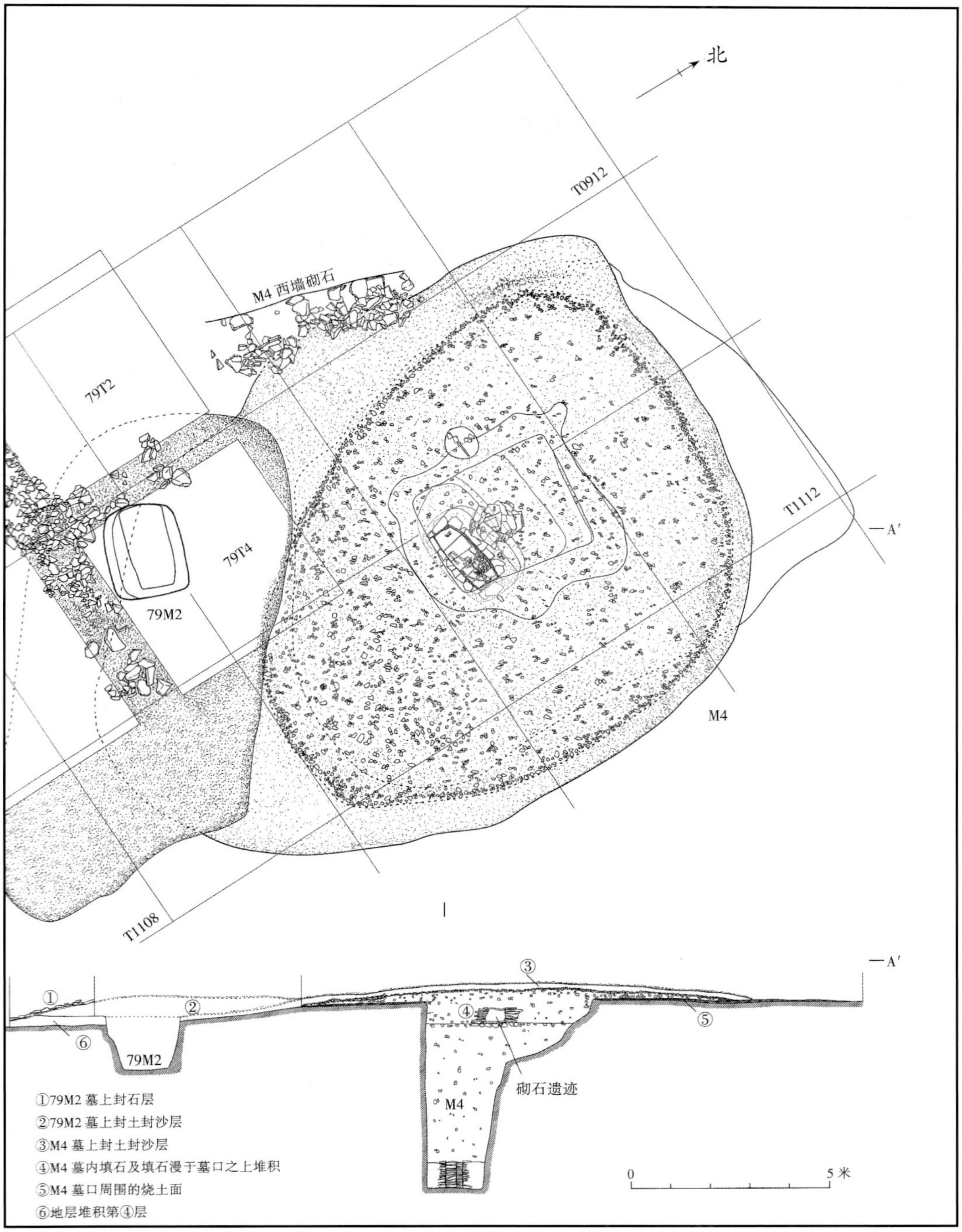

北
T0912
M4 西墙砌石
79T2
79T4
79M2
T1112
A′
M4
T1108
③
①
②
④
⑤
⑥
79M2
砌石遗迹
M4
0
5 米
①79M2 墓上封石层
②79M2 墓上封土封沙层
③M4 墓上封土封沙层
④M4 墓内填石及填石漫于墓口之上堆积
⑤M4 墓口周围的烧土面
⑥地层堆积第④层

N16M4 墓葬平、剖面图

中心大墓的填石中设石砌遗迹的做法在目前所发现的牛河梁遗址诸地点中是唯一的。中心大墓随葬有大型玉人、玉凤等重要玉器，为牛河梁红山文化玉器增添了新的种类，尤其是为红山文化玉器的通神功能增添了新的证据。在南部墓葬（N16M15）中还发现了牛河梁遗址诸积石冢中随葬的唯一1件玉玦。

第十六地点发现的12座红山文化积石冢墓中，有10座有随葬器物，其中8座全部为玉器，包括中心大墓和其他几座较大的墓。有随葬品墓葬与随葬玉器墓葬的比例较高，再一次证明牛河梁遗址的积石冢确有“唯玉为葬”的习俗。

在积石冢内出土有人的塑像，虽只有手部，且为残件，但其大小却相当于真人原大，推测是大型人体塑像的残件，且写实性很强，应该是为被祭祀的偶像，是红山文化以积石冢为代表的人群各有自己崇拜神的又一例证。

积石冢内出有大量陶筒形器和少量陶“塔”形器，其器物形制、纹饰与数量比例，和其他地点有共同性。

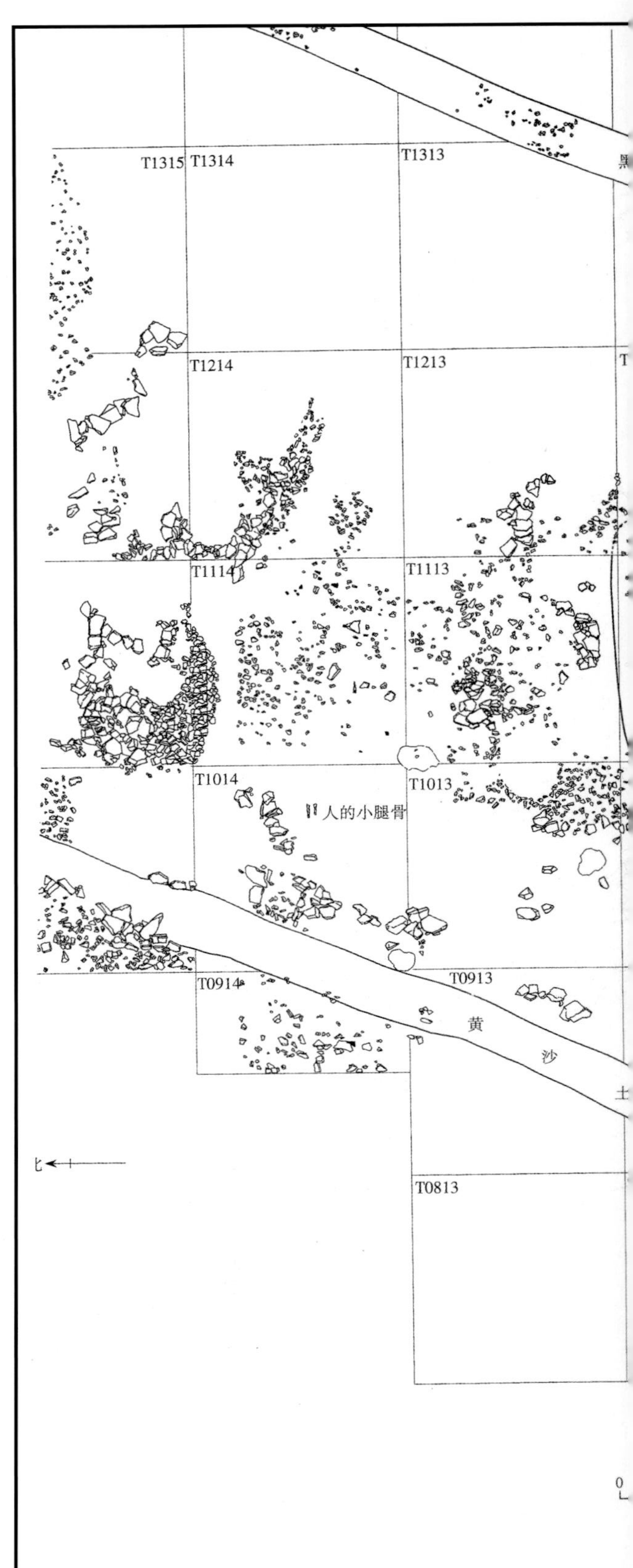

第十六地点上层积石冢（Z1）遗迹平面分布图

## 夏家店下层文化遗存

在该地点发现的夏家店下层文化遗存坐落在山梁的岗顶，有环沟与土石筑的砦墙，远望为山岗上高起的平台，属于该文化多类遗址中的高岗型遗址。遗址跨越了一段时间，房址与窖穴等遗迹之间的多组地层叠压或打破关系，可依地层关系分为4段。从陶容器分析，前后变化不大，可视为同一时期，约为夏家店下层文化中晚期。

夏家店下层文化是中国北方地区的青铜时代文化，因最初发现于内蒙古自治区赤峰市夏家店遗址下层而得名。主要分布在燕山山地、辽西及内蒙古东南部地区，距今4200～3500年。夏家店下层文化特征是居民主要从事农业，工具有磨制的石铲、石刀和打制的石锄等；饲养牛、马、猪、狗等家畜；居址多位于沿河两岸的高地上；较大的聚落周围有石砌或夯土筑成的城墙及壕沟，聚落内的房屋从数十至百余座不等；居室有半地穴式的，也有用土坯、石块垒砌成的地面房；聚落附近有墓地。

砦墙局部

# 第三章

# 红山古国

自1906年开始，一百多年间，经过几代考古人的不懈努力，红山文化才逐渐为世人认知。红山文化是我国北方地区新石器时代重要的一支考古学文化类型，因首先发现于内蒙古赤峰市红山后遗址而得名，距今6700～5000年。牛河梁遗址的发现，以及众多遗迹和遗物的出土，证明了这里在红山文化晚期已经进入了古国阶段。

# 探索历程

红山文化的发现与发掘，从1906年日本人鸟居龙藏采集到文物标本开始到现在，一百多年间，通过几代考古工作者的艰苦调查、发掘与潜心研究，取得了历史性的考古成果，其意义重大，影响深远。

**红山文化**

红山文化广泛分布于长城内外、燕山南北，主要集中在老哈河和大凌河流域。目前，已发现聚落、墓葬、祭祀、陶窑等各类遗址1000多处，出土了大量的石器、陶器和精美玉器，反映了红山文化发展历程，以及红山先民生产和生活状况、祭祀礼仪制度、手工业生产专业化和社会分化。尤为重要的是，牛河梁遗址的发现，证实了红山文化晚期已经产生了基于公社又凌驾于公社之上的高一级组织形式，产生了稳定、独立的政治实体，跨入了古国阶段。

随着田野考古调查的深入和新石器时代考古学理论的发展，红山文化研究已进入多学科领域，来自考古学、历史学、人类学、民族学等学术界的专家学者们，从各自不同的角度对红山文化的地理分布、经济形态、意识形态、社会形态进行了不同程度的挖掘和辨析，一个相对真实的红山文化社会越来越清晰地展现在我们面前。

鸟居龙藏（1870～1953）

## 20世纪初

1906～1908年，日本人鸟居龙藏到赤峰（原属热河省）采集文物，1911年出版《蒙古旅行》，1914年发表《东蒙的原始居民》一文，其中都描述了红山周围的历史遗迹和采集的文物标本，并指出这一地域在史前时期的重要性。

## 20 世纪 20 年代

1919 年，法国人桑志华到赤峰地区调查，主要从事田野考察和考古调查工作，在考察赤峰的过程中发现了多处细石器（后称刮削器）遗存。1923 年，法国人德日进来到中国，对中国史前文化进行研究。1924 年，桑志华和德日进共同发现了赤峰地区红山主峰新石器时代遗址。

桑志华（1876 ～ 1952）

德日进（1881 ～ 1955）

1921 年 6 月，瑞典人安特生发现了位于今葫芦岛南沙锅屯东南 1.5 千米处的洞穴遗址，1923 年发表《奉天锦西县沙锅屯洞穴层》发掘报告。这是赤峰红山后遗址发掘前认识红山文化遗存的主要资料。

沙锅屯洞穴遗址是 20 世纪红山文化考古最早的发现之一，也是安特生把近代田野考古技术引入中国后进行的第一个正式考古发掘的遗址，在中国考古史上具有里程碑意义。

安特生（1874 ～ 1960）

## 20 世纪 30 年代

1930 年冬，梁思永到热河一带调查，这是中国学者首次到赤峰地区开展田野考古工作。在此期间，他采集到了与红山文化有关的似仰韶文化的彩陶片。1935 年，梁思永发表《热河查不干庙等处所采集之新石器时代石器与陶片》，这是由中国考古学者书写的第一篇专论热河新石器时代的考古报告。

梁思永（1904 ～ 1954）

滨田耕作（1881 ～ 1938）

1935 年，日本“东亚考古学会”的滨田耕作、水野清一到赤峰红山调查，在红山后（北侧东坡）发现了新石器时代遗存，获得了一批重要的红山文化实物资料。

1938 年，“东亚考古学会”出版了发掘报告——《赤峰红山后——热河省赤峰红山后先史遗迹》，提出了赤峰第一期文化、赤峰第二期文化的命名。这是第一份关于红山文化的发掘报告，直至中华人民共和国成立前，对红山文化的研究仍旧停留在这本发掘报告所公布的资料。

## 20 世纪 40 年代

1942 年，佟柱臣在凌源中学教课之余，经常到野外寻找遗址、收集标本。1943 年，他在牛河梁山坡发现了大量筒形彩陶，并从附近农民手中看到了勾云形玉佩等文物。1943 ～ 1947 年间，他先后发表《凌源新石器时代遗址考察》《凌源牛河梁彩陶遗址》《热河先史文化与赤峰红山》等一系列文章，为认识红山文化提供了珍贵的线索和资料。

佟柱臣（1920 ～ 2011）

尹达（1906 ～ 1983）

## 20 世纪 50 年代

1955 年，尹达在其专著《中国新石器时代》中首次提出红山文化的命名，并指出“红山后这一新石器时代遗址（即红山后第二住地的遗址）具有突出的特点，对于研究长城以北和以南的新石器时代文化遗存的互相关系问题具有极大的启发和帮助”。

1956 年 7 月，裴文中和吕遵谔率北京大学历史系考古专业 53 级学生严文明、李炎贤等对红山前的 3 个地点和红山后的 1 个地点进行了调查和试掘，获得了一批重要的实物标本。1958 年，吕遵谔发表了《内蒙古赤峰红山考古调查报告》，第一次正式使用了“红山文化”的名称，并对《赤峰红山后——热河省赤峰红山后先史遗迹》中的错误结论予以更正，提高了对红山遗址群及红山文化研究的总体认识。

裴文中（1904 ～ 1982）

吕遵谔（1928 ～ 2015）

## 20 世纪 60 年代

1963 年，刘观民、徐光冀对赤峰北郊蜘蛛山遗址进行了发掘，提出了“赤峰古文化分区域”的思想，同时确定了红山、富河、夏家店上层和夏家店下层 4 种文化的关系，第一次明确了红山文化地层之上依次叠压的早期青铜时代夏家店下层文化、西周到春秋战国时期的夏家店上层文化和战国燕、秦文化的原生地层关系。

徐光冀

1963 年，刘晋祥在赤峰北郊西水泉发现了西水泉遗址，发掘红山文化半地穴房址 3 座，发现了较丰富的遗存资料，显示了红山文化和富河文化的关系。

## 20 世纪 70 年代

李恭笃

1973 年，李恭笃在赤峰敖汉的老哈河、蚌河两岸进行了调查，发现了 6 处古代遗址，其中，在三道湾子遗址发现了红山文化窖穴；在四棱山遗址发现了 6 座红山文化陶窑，陶窑由窑室、火道、火塘组成，有单室窑和连室窑之分。这些发现为研究红山文化时期的制陶工艺提供了珍贵的考古资料。

## 20 世纪 80 年代

1979 年，郭大顺、孙守道等在辽宁喀左兴隆庄发现了东山嘴遗址。遗址有房址和圆形祭坛，出土了石器、陶器、玉器和陶塑人像。1981 年，又在辽宁朝阳发现了牛河梁遗址，这是一处规模宏大的红山文化晚期中心性祭祀遗址。在一座积石冢石棺墓内，出土了一批具有明确地层关系的红山文化玉器。同时，还发现女神庙、祭坛、大型祭祀平台等相关遗迹，成为 20 世纪 80 年代中国最重大的考古发现之一。此后，郭大顺、孙守道一直持续关注和研究红山文化，最终成为我国著名的红山文化研究专家。

郭大顺

## 20 世纪 90 年代

20 世纪 90 年代，随着田野考古资料的日渐丰富，西辽河上游地区新石器时代考古学年代序列和谱系关系得以建立，红山文化综合研究水平整体得到显著提高，在巴林左旗二道梁、克什克腾旗南台子、林西县白音长汗等遗址，均发掘出红山文化房址和墓葬，出土了一批具有明显地域特色的红山文化实物资料。1997 年，辽宁省文物考古研究所编著出版《牛河梁红山文化遗址与玉器精粹》一书，红山文化玉器成为学术界研究的热点课题。

## 21 世纪初

21 世纪的第一个 10 年，红山文化考古发现与研究取得了令人瞩目的成果。2001 ～ 2003 年，敖汉兴隆沟遗址第二地点的发掘，揭示出一处距今 5000 多年的红山文化长方形环壕聚落，填补了红山文化晚期居住址研究资料的空白。2001 年，敖汉草帽山遗址第二地点经过抢救性发掘，确定其结构为坛、冢结合的形式，祭祀功能突出，是 21 世纪红山文化考古工作的重要收获。2003 年，在牛河梁遗址第十六地点，发现了一座大型石棺墓，首次发现了红山文化玉人、玉凤等器类，这是目前所发现的保存最完整、规格最高的红山文化大型墓葬。2009 ～ 2010 年，赤峰魏家窝铺大型红山文化聚落遗址的发掘，极大地丰富了红山文化聚落形态研究的资料。

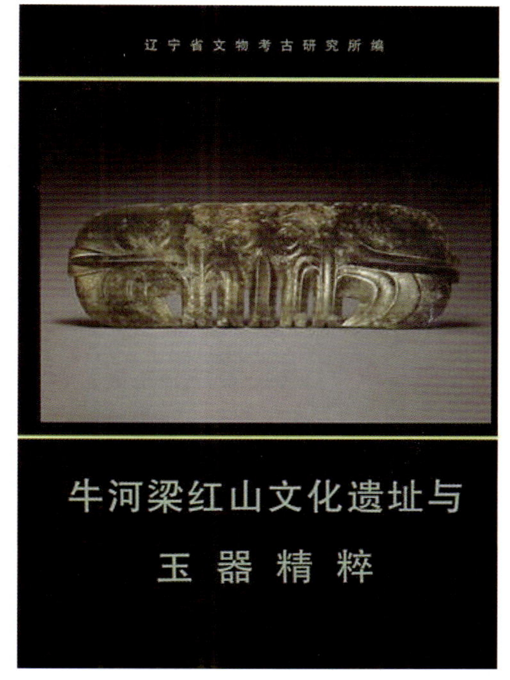


《牛河梁红山文化遗址与玉器精粹》

牛河梁遗址第十六地点考古发掘现场

## 2011 年至今

2011 年至今，以《牛河梁——红山文化遗址发掘报告（1983 ～ 2003 年度）》的正式出版为标志，红山文化研究进入新阶段，在红山文化发现与研究史上具有里程碑意义。在实施“中华文明探源工程”（第三阶段）红山文化聚落形态考古调查过程中，敖汉兴隆沟遗址第二地点出土的红山文化晚期整身陶人，在中国同期考古材料中十分罕见，被誉为“中华祖神”。2014 年 9 月至 2015 年 10 月，对辽宁朝阳市龙城区半拉山遗址进行抢救性考古发掘，共清理各类墓葬 54 座、祭祀坑 7 座，出土近 200 件珍贵文物，出土的带有兽形柄端饰的石钺在已发现的红山文化遗物中极为罕见，为红山文化研究提供了不可多得的实物资料。2015 年，刘国祥所著的《红山文化研究》出版，认为红山文化晚期晚段，距今 5300 ～ 5000 年，以牛河梁遗址上层积石冢阶段的埋葬和祭祀遗存，以及兴隆沟、那斯台、哈民忙哈等不同规模的聚落遗存为代表，证明当时的辽西地区已经进入了初级文明社会。

《牛河梁——红山文化遗址发掘报告（1983 ～ 2003 年度）》

# 源流解析

红山文化区是以“燕山南北、长城地带为重心”的北方考古学文化区的核心区域，是中华文化起源和文明起源的重要地区之一。从距今 8200 年以远的小河西文化一直到距今 3500 年的夏家店下层文化，这一地区考古学文化谱系清晰，序列完整，为研究中国历史发展起到了重要作用，成为中华五千年文明的重要见证。

红山文化区的史前考古学文化一览表

| 考古学文化 | 年代（距今） | 命名地 |
|---|---|---|
| 小河西文化 | 约 8200 年以远 | 敖汉旗小河西遗址 |
| 兴隆洼文化 | 8200 ～ 7400 年 | 敖汉旗兴隆洼遗址 |
| 赵宝沟文化 | 7200 ～ 6400 年 | 敖汉旗赵宝沟遗址 |
| 富河文化 | 约 7000 年 | 巴林左旗富河沟门遗址 |
| 红山文化 | 6700 ～ 5000 年 | 赤峰红山后遗址 |
| 小河沿文化 | 5000 ～ 4500 年 | 敖汉旗小河沿南台地遗址 |
| 夏家店下层文化 | 4200 ～ 3500 年 | 赤峰夏家店遗址 |

红山文化遗址最早发现于 1906 年，1935 年对赤峰东郊红山后遗址进行了发掘，1955 年提出了红山文化的命名，年代距今 6700 ～ 5000 年。红山文化的社会形态初期处于母系氏族社会的全盛时期，主要社会结构是以女性血缘群体为纽带的部落集团，晚期逐渐向父系氏族过渡。红山文化的居民主要从事农业，还饲养猪、羊等家畜，兼事渔猎。富有特征的生产生活工具有磨制和打制的双孔石刀、石耜、有肩石锄、石磨盘、石磨棒和石镞等。

# 牛河梁遗址与红山文化

红山文化以辽河流域中辽河支流西拉木伦河、老哈河、大凌河为中心，东越医巫闾山，到达辽宁北部边界；西越燕山山脉，进入华北平原北部；北越西拉木伦河，向内蒙古草原深入；南到大凌河流域，延伸至渤海沿岸，分布范围达 20 万平方千米。辽宁地区的红山文化主要分布在西辽河和大凌河流域，从其分布的密度来看，以老哈河中上游到大凌河中上游之间最为集中，牛河梁遗址就位于大凌河上游凌源市东北约 10 千米处，这里有目前为止所发现的红山文化晚期最重要的遗址。

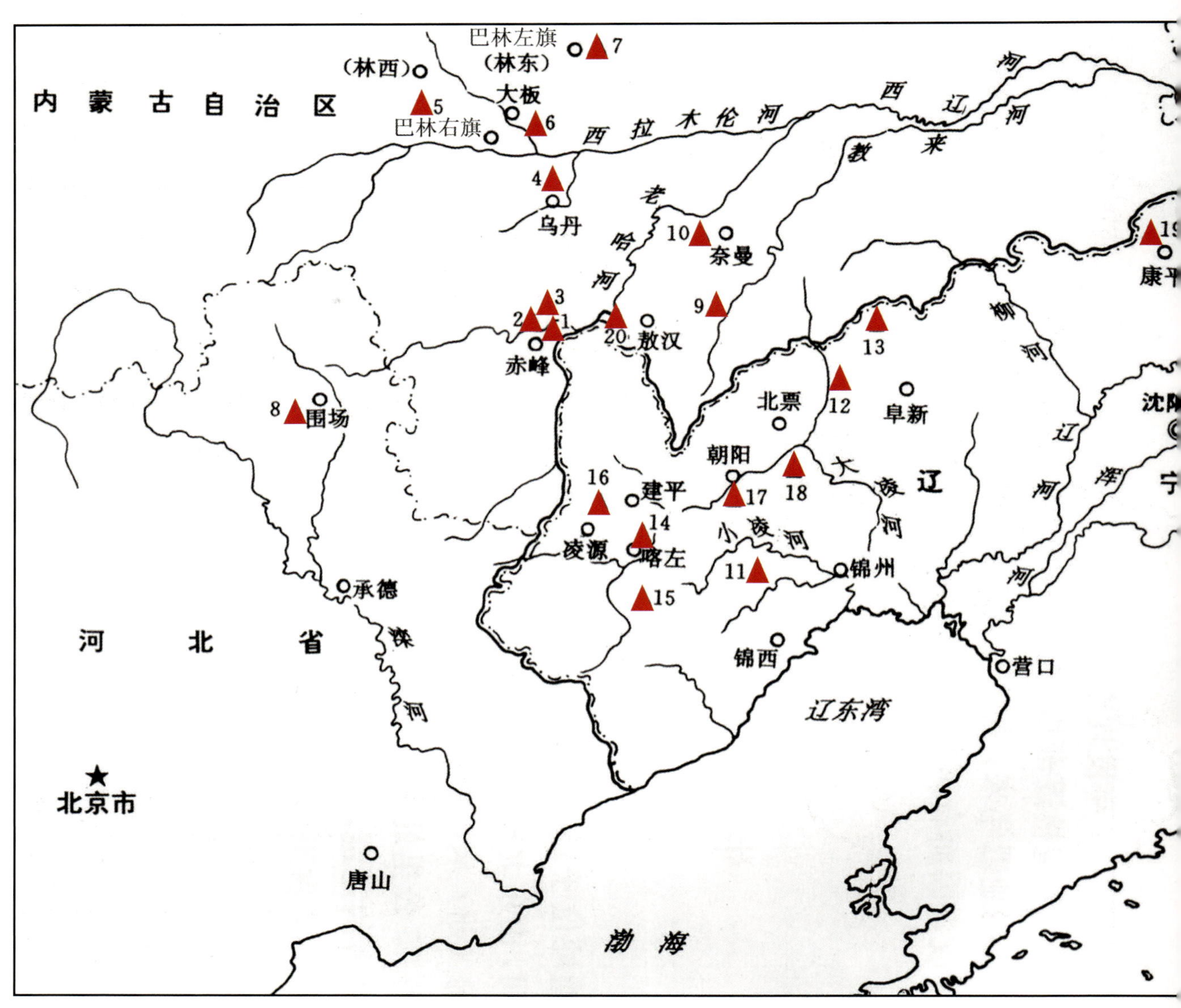

# 牛河梁遗址在红山文化分布区的位置

在红山文化分布区里，牛河梁遗址所在的辽西努鲁儿虎山山谷，正处于红山文化分布区中央部位，偏向于靠近华北平原的西南一侧。这一带既属于大凌河流域，又距老哈河的河源不远，向北沿老哈河河川可通往内蒙古赤峰地区，并继续向其以北的草原深入；向南顺大凌河的南部支流，可一直抵达渤海海滨；向东沿大凌河的主干，可通向朝阳和阜新地区，更可直达辽河西岸；向东北，沿努鲁儿虎山山谷可通达内蒙古敖汉旗及周围的教来河和孟克河流域；向西沿大凌河西部支流经河北省承德地区，并越燕山山脉直下华北平原。以上这些地区都是红山文化所及地区，并且大多数是红山文化遗址分布的密集区。可见，牛河梁遗址就处于红山文化分布区内四通八达的中心部位。

还可以从红山文化积石冢的分布看。目前所知发现红山文化积石冢的地点有：河北省平泉市；内蒙古敖汉旗老虎山，喀喇沁旗；辽宁省朝阳市十二台营子，北票市康家营子，阜新市胡头沟，还有 2010 年前后第三次文物普查时发现的朝阳市东大道、凌源市田家沟积石冢，它们都集中分布于大凌河流域及其支流。老哈河流域目前所知与积石冢有关的，只有赤峰红山后遗址发现了彩陶筒形器，尚未有明确的积石冢发现。可见，牛河梁遗址及临界地区是红山文化积石冢分布最为密集，也是迄今所知规模最大、出土玉器最为丰富的中心区域。

**重要红山文化遗址分布图**

1. 赤峰红山后　2. 赤峰蜘蛛山　3. 赤峰西水泉　4. 翁牛特旗三星塔拉　5. 林西沙窝子　6. 巴林右旗那斯台　7. 巴林左旗城郊　8. 围场下伙房　9. 敖汉下洼　10. 奈曼旗　11. 葫芦岛沙锅屯　12. 阜新胡头沟　13. 阜新福兴地　14. 喀左东山嘴　15. 喀左新营子　16. 牛河梁　17. 朝阳十二台营子　18. 北票白石水库　19. 康平城郊　20. 小河沿

# 牛河梁遗址所反映的社会变革

由于牛河梁遗址是红山文化晚期一个大的中心聚落，所以它在红山文化的地位，以其所反映的红山文化社会变革最为重要。

## 积石冢所反映的群体间的独立性及差异

根据牛河梁遗址积石冢的分期结果，已发掘的 4 个地点（N2、N3、N5、N16）和其他地点的积石冢，都是大约同时形成并经过了相近的时间变迁，由于每个冢或冢群都各自处于一个独立的山岗之上，所以每个山岗上的积石冢或积石冢群，都是同时并存的单元，各自代表一个社会群体。但这些基本单元之间并不是等同的，规模、结构都有所差异，第二地点规模最大，第五地点和第十六地点次之，第三地点较小。在基本单元内，无论是独冢或有群冢的单元，每个冢又都砌出明确的冢界，各个冢之间以石墙为各自的界限，又自成小单元，也表现出一定的独立性和差异。基本单元内诸小单元间的差异以第二地点的群冢之间的差异最为明显：其二号冢比较突出，它位于山岗正中，单独设一冢台，与同样处于山岗正中的圆形祭坛紧邻，在这 6 个单元中处于主要地位，是群冢中的主冢。另外，二号冢设中心大墓，而其他冢中无中心大墓，也可说明二号冢的主冢地位。并且每个冢内各墓又分行排列，各单元之间、不同的行之间、诸墓葬间都显示出较多差别。如果以每个山岗的积石冢或积石冢群代表一个基本单元，有群冢的每个山岗上的各个冢是基本单元下的次单元，每个冢内各行代表次单元中更小的单元。种种迹象表明，红山文化的单元分化已表现出一种依次分层的“金字塔”式结构。

## 中心大墓与等级分化

在牛河梁遗址第二、第三、第五、第十六地点的积石冢中，都可分辨出中心大墓与非中心墓。

### 中心大墓

处于整个冢或整个地点的中心，每个地点只有 1 座。又分为几种不同情况：N2Z2M1 所在的第二地点为山岗上五冢一坛的群冢，中心大墓与东部的祭坛共置于山岗正中；N5Z1M1 所在的第五地点为双冢一坛，中心大墓置于东冢，虽然不在整个地点的中心，但却在东冢

的中心部位，而西冢并未发现有大型墓的遗存；N3Z1M7、N16M4 所在的第三和第十六地点都为独冢，中心大墓在整个冢的中心部位。

中心大墓规模大，但也分为几种情况：首先，N2Z2M1 这座墓虽然因早期被盗或迁葬，墓内并无任何随葬品可以说明墓主人的身份，但是这座墓四壁起台阶，墓口上有每边 3.6 米的石砌方形冢台，冢台上封土后再砌出冢阶和冢界共 3 级。其次，N5Z1M1 为土圹砌石墓，土圹长接近 4 米，宽 3 米多，墓壁起 2 ～ 3 层台阶，墓口以上也做出圆形冢台。再次，N16M4 墓圹南北长接近 4 米，东西宽 3.1 米，且选择在坚硬的山体岩脉上凿石为墓穴，极为费工费时。最后，以 N5Z1M1 和 N16M4 为中心大墓的积石冢的冢体也都规模甚大。

第二地点二号冢 1 号墓（N2Z2M1）

第五地点一号冢 1 号墓（N5Z1M1）

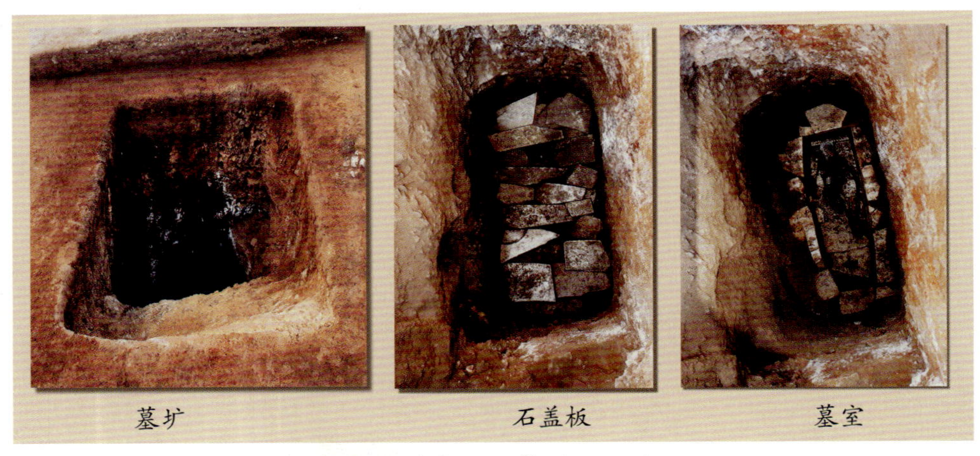


第十六地点 4 号墓（N16M4）

中心大墓随葬玉器数量相对较多，且玉质多较为纯正，个体大，有形制特殊的玉器种类和组合规律。如 N5Z1M1 随葬玉器 7 件，有勾云形玉器，有分别握于双手的玉龟，有分置于头部两侧的玉璧。N16M4 随葬玉器 8 件，有目前牛河梁遗址及红山文化唯一的形体较大的玉人与玉凤。

中心大墓与其他墓的主次关系分明。有中心大墓的积石冢，冢内其他墓葬都置于冢的南侧，如第二地点 Z2、第三地点和第十六地点。第二地点中心大墓与群冢的关系是，中心大墓所在冢的西侧一号冢（N2Z1），有两座位置在中间的大型土圹砌石墓（N2Z1M25、N2Z1M26），都为一侧起台阶，规格要低于中心大墓，东侧隔祭坛的四号冢（N2Z4），规模大，但未见有规格较高的大型墓，说明该地点虽为群冢，但中心大墓也只有 1 座。

此外，各个地点的中心大墓之间也有差别。如牛河梁第三地点的中心大墓 N3Z1M7，为较大的土圹砌石墓，但墓壁不起台阶，只随葬 3 件玉器，规格在这 4 座中心大墓中是最低的，与该冢规模较小相对应。

### 台阶式墓

规格低于中心大墓的是台阶式墓，见于牛河梁第二地点，如 N2Z1M25、N2Z1M26。它们也具有中心大墓那种大型土圹、深凿入基岩、墓壁起台阶、墓室宽大等基本特征，不过，与中心大墓不同的是，它们只在墓圹的一侧筑多级台阶，这使墓的整体结构虽很不对称，却是一种更为引人注目的墓型，故可称为台阶式墓。墓葬起台阶是墓主人身份地位较高的一种特定表现方式。中心大墓是四壁起台阶，所以，一侧起台阶应为低于中心大墓而高于一般墓葬结构的一种丧葬制度。这类墓随葬玉器数量也仅次于中心大墓，且不乏工艺、纹饰复杂的高等级玉器。

第二地点 1 号冢 25 号墓（N2Z1M25）

第二地点 1 号冢 26 号墓（N2Z1M26）

### 其他砌石墓

这些墓葬属于台阶式墓以下的各类砌石墓，可分为两类：一类随葬有玉器的中、小型砌石墓；另一类不随葬玉器，仍有讲究的石砌墓室。

有随葬玉器的砌石冢

第二地点 1 号冢 11 号墓

无随葬玉器的砌石冢

第二地点 4 号冢 4 号墓

## 由下层积石冢到上层积石冢之间的突变

由积石冢所见社会变革，主要是指上层积石冢。上层积石冢与下层积石冢相比较，无论规模、结构、墓葬及随葬品，都发生了很大变化。

下层积石冢以每座冢及冢内的 1 座墓为 1 个基本单元。墓上堆碎石封顶，极少见用大块石头封顶的，冢顶低而平，冢的周围只有陶筒形器环绕，缺少规则的石砌冢界。虽然下层积石冢也有在冢的中心设墓、墓内也随葬大型彩陶器的情况，但从总体上看，下层积石冢的规模较小，结构较为简单，无地上庞大的冢体建筑，也未发现有中心大墓的遗迹；随葬品较为单一，已发现有随葬品的墓葬，无论是陶器还是玉器，都为单件。无论冢体规模、结构和随葬品，都远不能与上层积石冢相比。

目前，下层积石冢发现数量较少，完整的只见于第二地点，能够证明的材料有一定的局限性，但从已发掘的冢和其他经调查所见的下层积石冢及有关迹象分析，以上差别具有普遍性。这就显示出牛河梁遗址社会变革的阶段性：从下层积石冢到上层积石冢，也就是在红山文化后期的晚段，社会关系曾发生过突变，这是牛河梁遗址也是红山文化社会变革的主要时期。

## 一个史前祭祀中心的形成

牛河梁遗址是一个具有祭祀性质的遗址。

在第三、第十六地点都发现有陶塑人像残件或残片，第三地点为一件人面残块，个体较真人略小；第十六地点为人手部残件，个体较真人相近。联系附近建平县东山岗积石冢也曾发现泥塑人像残块，敖汉旗草帽山积石冢发现较大的石雕人像，这些人体塑像不仅个体较大，而且写实性很强，应该都是被崇拜的偶像；附近东山嘴遗址发现的陶塑人体残件有两种规格，较大的相当于人体的 1/3，较小的只有 5 厘米，应具不同功能，也说明了较大规格的人体塑像是被崇拜的偶像。此外，各积石冢上都发现了陶“塔”形器和其他特异形陶器，第二地点一号冢南部发现成片烧土面，第五地点发现红烧土建筑残块，成行排列的陶筒形器更是诸积石冢必不可少的设施。这些都是与祭祀有关的遗迹和遗物。

牛河梁遗址作为祭祀中心主要部分的女神庙，庙址面积虽小，且为半地穴式结构，但已有主体与附属两个部分，主体部分北多室是连为一体的多室；附属部分为南单室。女神庙出土的人体塑像可分辨出分属于六七个个体的人像残件，其中最大的一尊约相当于真人的 3

第二地点的 3 层圆祭坛

第五地点的方形祭坛

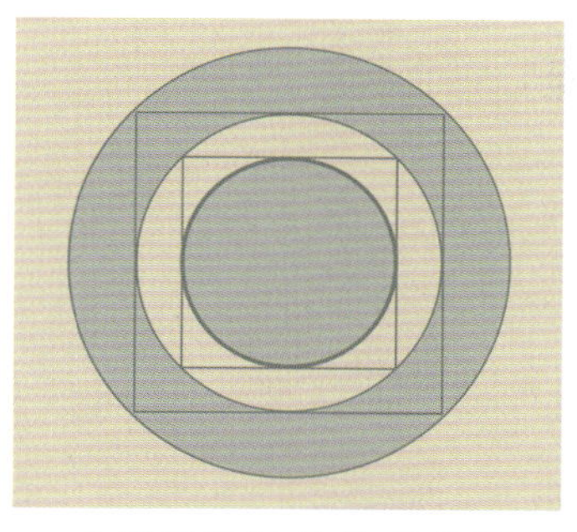
三层圆祭坛结构示意图

红山文化晚期产生了以农业为主的经济形态，农耕、季节交替等都关乎人们的生存问题，耕种必须遵循节气，顺应天时，于是太阳在冬、夏两至和春、秋两分的运动轨迹，被视为神祇。有学者认为，牛河梁遗址的3层圆祭坛就是这种认知的具体表现，它不仅反映出红山时期红山人天地崇拜的文化传统，也描述了一整套宇宙理论，同时准确地表现了两分、两至的昼夜关系。

倍，出土于中室的中央部位。女神庙也出有祭祀器——陶“塔”形器，但个体更大，壁厚达2厘米，火候甚高，质地纯而坚硬，在红色器表上绘有黑彩勾连回纹，线条十分规整。庙内所出的陶熏炉器盖，质地坚硬，外形规整。多规格的仿木建筑构件和彩色壁画表明女神庙十分讲究建筑形式和装饰。

以大型公共建筑为标志的发达的祭祀中心和通神神权的独占，是牛河梁遗址所反映的社会变革的主要内容，也应是红山文化及其所在西辽河流域文明起源和国家形成的特征之一。

坛祭　墠祭　坎祭

### 祭祀形式

坛祭是红山文化晚期阶段最重要的祭祀形式之一，墓地或墓区都是围绕不同层次的祭坛来规划的。牛河梁遗址的祭坛为祭祀天地而置，红山先民常用的祭祀形式除坛祭之外，还有墠祭、坎祭、庙祭。墠祭主要以陶筒形器作为祭祀设施，坎祭以祭祀坑为主体，庙祭以女神庙为典型代表。

庙祭

## 祭祀方式

《晋书·慕容垂载记》："垂定都中山，羣（群）僚劝即尊号，具典仪，修郊燎之礼。"郊，古代于郊外祭祀天地，南郊祭天，北郊祭地。燎，指燎祭，古代祭祀仪式之一，把玉帛、牺牲放在柴堆上，燃烧产生的烟气上升到天空，以表达其真诚。

郊燎祭天是中国古代国家的宗教形式，帝王通过"绝地天通"，获得沟通神圣世界与世俗国家的独占权，以之作为王权合法性的基础和终极来源。

红山文化时期政教合一，巫师作为当时的最高统治者，即后来的首领，也可能是通过这种方式来展示其统治的正当性。祭祀时在祭坛上奏乐并呼唤神的降临，手持玉器与神沟通，燃烧物的烟气将人们的诚意带给上天，祈求神灵的庇佑。

# 第四章

# 玉魂国魄

红山先民『以玉事神』，开创了中国人用玉的第一高峰，影响后世，衍生出『以玉作六瑞，以等邦国』的礼制。玉在各个历史时期虽有不同的特征和含义，但与中国历史的发展进程紧密相扣。玉礼制是中国传统文化不可缺少的一部分，不仅深深影响了古代中国人的思想观念，更是研究中国文明发展历程中的重要文化因素之一。

# 玉礼开端

玉器被红山先民视为自然造化之精髓、天地灵气之结聚，在祭祀活动中，成为通天地、礼四方、祀鬼神的社稷重器。在牛河梁遗址规模宏大的积石冢群中，随葬有精美绝伦的玉器，它们不但随墓葬的规格变化组合，且集中体现了“唯玉为葬”的特点，强烈地凸显出红山先民已把玉作为具有祭祀礼仪功能的专用器物。墓主人生前唯玉通神，死后唯玉为葬，反映出这一时期先民对玉无比崇高的信仰，更表现出红山先民以玉礼神的观念，开创了“以玉载礼”的新风尚，使后世产生了以玉为礼的观念和制度，形成以玉为信、以玉为美的传统文化。

## 唯玉为葬

根据对牛河梁遗址已发掘的 4 个地点墓葬的统计，在这 4 个地点共 97 座墓中，有随葬品的墓 48 座，占全部墓葬的 49.5%。在这批有随葬品的墓葬中，同时有玉器和陶器随葬的只有 1 座墓；同时有玉器与石器随葬的也只有 1 座墓；只随葬陶器不随葬玉器的有 3 座墓；其余 43 座墓都为只随葬玉器的墓，占到有随葬品墓葬的 89.6%。

第二地点 1 号冢 4 号墓玉器出土情况

第十六地点 2 号墓玉器出土情况



牛河梁遗址墓葬中只随葬玉器的现象，集中表现于上层积石冢中，又集中表现于上层积石冢中的高等级墓葬中。这说明，只葬玉器是牛河梁遗址埋葬习俗的一个有代表性的特点，而这一特点是在积石冢形成和发展过程中逐步制度化的。



史前诸文化的墓葬，都有以陶器为主要随葬品的葬俗，只有红山文化是个例外。红山文化已具备相当发达的制石和制陶工艺，大型打制石器、磨制石器、细石器 3 大类石器并用和石犁耜的大量使用，为同时期其他史前文化所不及。细石器更讲究选料的硬度、色泽、纹理和通体精细加工，有的已是精致的工艺品。红山文化的制陶业发达，有以压印“之”字纹陶和彩陶器为代表的南北文化融为一体的陶器。积石冢成百上千个使用的大型陶筒形器已属批量生产的产品，尤其是在牛河梁遗址发现了一批与祭祀有关的特异形陶器，如积石冢和女神庙出土的陶“塔”形器、女神庙及附近窖穴出土的陶熏炉器盖和彩陶方器，都是烧制技术甚高的祭祀礼器，但在红山文化墓葬中，却极少有这些高等级的陶、石器随葬，而只葬玉器。

墓葬规模及随葬品的数量、质量是反映人与人等级差别最主要的标准。牛河梁遗址种种迹象表明，当时的红山文化正处于由原始社会向文明社会过渡的社会变革时期。红山文化不葬或少葬与生产、生活有关的石器和陶器，只葬非实用的玉器，说明当时在表达人与人之间的等级地位时，对非实用玉器的重视，远胜于与生产、生活有关的陶器和石器。这种“唯玉为葬”的习俗，也表明红山文化时期对玉器的认识已达到一个高峰。

# 葬玉组合

在牛河梁遗址这45座有随葬玉器的墓葬中，随葬2件玉器的有5座、3件的有8座、4件的有4座、5件的有4座、7件的有3座，而随葬8件、9件和9件以上（20件）的各1座，这些玉器分为斜口筒形玉器、勾云形玉器、动物形玉器、玉璧4大类。

**第二地点1号冢21号墓（N2Z1M21）玉器出土状态**

这个墓葬是牛河梁遗址随葬玉器最多的1座，一共出土玉器20件，遍及墓主周身。有玉兽面牌饰（1件）、斜口筒形玉器（1件）、玉龟（1件）、勾云形玉器（1件）、圆筒状玉饰（1件）、玉璧（10件）、双联玉璧（2件）、玉珠（1件）、玉镯（1件）、玉璧形饰（1件）。

N2Z1M21 出土的玉兽面牌饰

N2Z1M21 出土的双联玉璧

N2Z1M21 出土的斜口筒形玉器

N2Z1M21 出土的玉璧

N2Z1M21 出土的玉龟

N2Z1M21 出土的勾云形玉器

# 美轮美奂

牛河梁遗址发掘了第二、第三、第五、第十六地点，共4处遗址，清理积石冢9座，出土玉器183件，加上在附近采集的13件玉器，总计196件。这些玉器以龙、凤、人为主题，造型生动，栩栩如生，精美绝伦。

## 遗址出土的玉器

牛河梁遗址积石冢墓中随葬的玉器造型讲究，根据造型不同可分为人形玉器、动物形玉器、斜口筒形玉器、勾云形玉器、玉璧、装饰性玉器、特形玉、印章式玉器。加工的玉料在墓区也时有发现。



### 人形玉器

N16M4出土玉人1件，通高18.5厘米。出土时位于墓主人左侧盆骨外侧，顺置，背面朝上。淡绿色玉，绿中泛青，玉质细密坚硬。玉人为整身形象，作平卧吸气状，双前臂曲肘贴于胸前，双眼微闭，嘴微张，额间为一棱形竖向凹陷，肚脐特意夸大，寓意为作法时起到上下沟通的作用，推测为巫者作法的形象，此器或为巫者所用法器。

N16M4出土的玉人

玉人正面　　　　玉人背面

玉人形体为圆缓三面体，有正、背面之分。

人体的正面由左右两个平面在中部呈棱脊状接合而成，采用半圆雕的手法，略显圆厚，最厚处达到 2.34 厘米。上宽下窄，外轮廓线较为平直，在颈部、腰部、踝部以磨豁、减地沟槽、宽阴线等内束的方式将人体分为头、胸腹、腿、足 4 部分，各部分转折圆缓，琢磨光滑，凹缺处均呈“V”形。

人体背面由一个微弧面组成，稍显平缓。背面光素无纹饰，仅在斜立双足中部见一阴刻线，将双足分开。整个背面还见有大面积深浅不一的铁锈红色瑕斑，左侧尤为明显，系玉质相对较差受沁所致，在左侧头顶局部还遗有略呈圆形的玉皮痕。从侧面观察，背脊隆起，头端和脚端磨薄且微向前翘。在颈部两侧和背面有 3 个孔，孔壁的穿系磨损痕不明显。

## 动物形玉器

牛河梁遗址出土的动物形玉器有龙、凤、鸟、龟，还有虫蛹类。

### 龙形玉

龙形玉以头部突出和如环似玦的身体为特点，首部以猪为原型（也有人认为是以熊为原型），俗称玉猪龙。龙形玉出土时多放置在墓主胸前，如 N2Z1M4 所出两件，均置于墓主胸部，左右相背而置。有学者指出，此非挂饰，而是下葬时被摆于墓主胸前的。

N2Z1M4 出土的玉猪龙（N2Z1M4:1）

这件玉猪龙是用白色蛇纹岩制成，形态接近青色玉猪龙，个体较小，高 7.9 厘米，宽 5.6 厘米，厚 2.5 厘米。玉猪龙的头尾处未完全切断，环孔处尚有连接。头部刻画的线条甚为粗简。

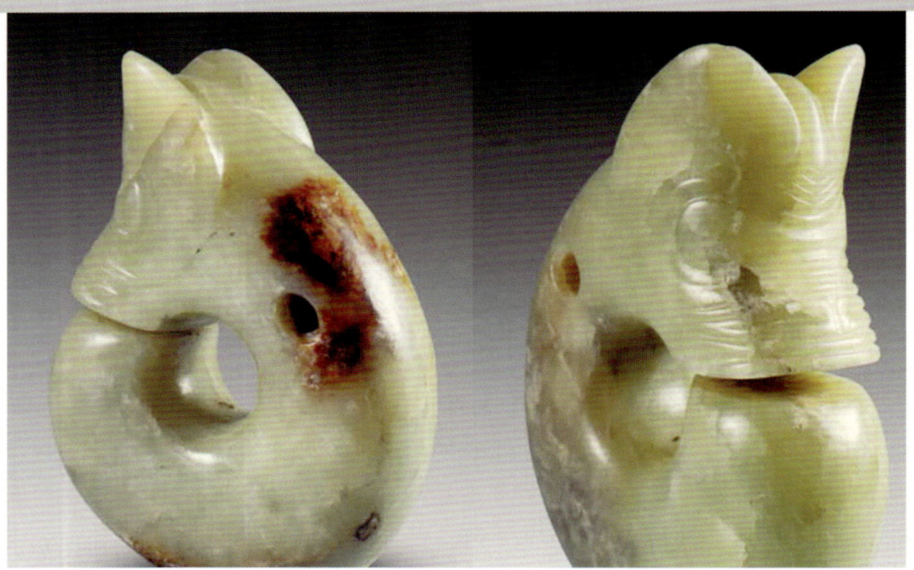

N2Z1M4 出土的玉猪龙（N2Z1M4:2）

这件玉猪龙为淡黄绿色，通体精磨，光泽圆润。高 10.3 厘米，宽 7.8 厘米，厚 3.3 厘米。背及底部有红褐色斑块，背面斑块大，颜色尤重，且不够光滑，疑为河磨玉的皮壳部分。龙体一侧有白色瑕斑，近耳部有 1 道裂纹。龙体蜷曲如环，头尾切开又似玦。体形扁圆而厚，环孔由两侧对钻，孔缘经磨光，圆而光滑。背上部钻有 1 个单孔，孔的边缘不够规则。兽首的短立耳较大，两耳之间从额中到头顶起短棱脊。目圆而稍鼓，目的圆度不够规则，吻部前凸，有鼻孔，口略张开。前额与吻部刻多道阴线，吻部 5 道，较深，鼻下 2 道，鼻上 3 道。

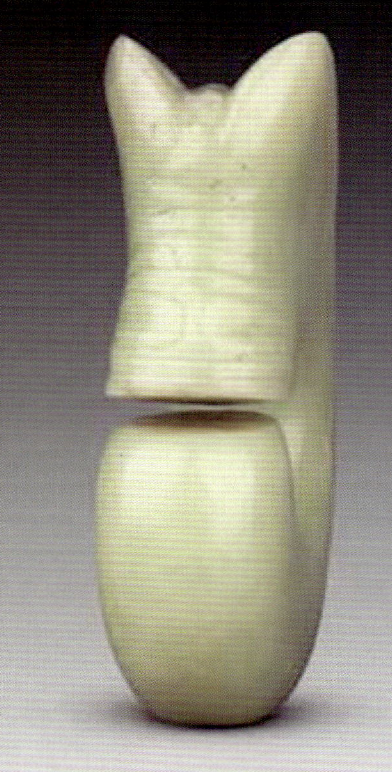

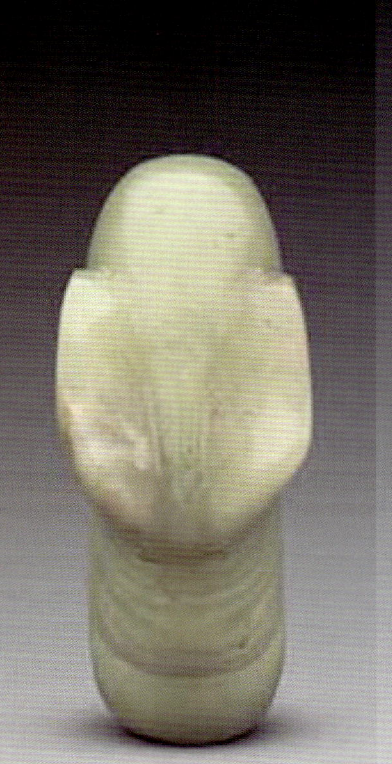

N16M14 出土的玉猪龙

## 玉凤

N16M4所出玉凤为已知鸟形玉器中最大的1件，此件原型也应为鹰类，出土时枕于头下，正面朝上，应当是在放置墓主人前先下葬的。淡绿色玉，整体呈扁薄板状，正面中部略鼓，周边较薄，最厚处达1.24厘米，背面较平。平面形状近长方形，具流线形外廓，通长约20.43厘米，最大宽约12.71厘米。正面做成凤的卧姿，回首，弯颈，高冠，圆睛，疣鼻，喙扁且长，前端钩曲，与羽翅相接。细部观察，颈长且粗壮，不见羽毛的表现；圆睛中间高，周围低，高与器表平，眼睑为凸起的阳线纹；前额凸出发达，鼻尖附近见一椭圆形凹面，应为鼻孔的表现；喙沟为沟槽状，槽底线十分规整，制作时应该是先用片形磨具从两侧向中间呈坡形开槽，再用细棒形磨具研磨光滑；颈、头和身体之间使用镂透技法，正面浅磨，背面深磨，中间镂透，程式和喙沟磨法同，身侧开槽较陡，颈侧开槽略缓，在身侧的偏下部还见有开槽的错刀痕；飞羽和尾羽区域占了身体的绝大部分，羽翅作三分上扬，翅长而狭，翅端尖，尾羽亦作三分而下垂，羽端略呈圆状，羽翅和羽根部的覆羽清晰可见。

N16M4出土的玉凤首部细节

N16M4 出土的玉凤正面



N16M4 出土的玉凤背面

## 其他鸟形玉

鸟形玉器共出土 4 件，分别为鸟、凤和凤首。除 N16M4 的玉凤外，还有 N2Z1M17 出土的是 1 件凤首，喙端内勾，原型为鹰，鹰目为“臣”字形。另外，N16M2 和 N2Z4 地层所出玉鸟，都只见鸟的体形，其余都简化，为展翅飞翔状，这是红山文化玉鸟最常见的形制。

N16M2 出土的玉鸟

## 兽面玉器

兽面玉器共在 2 座墓中出土。N2Z1M21 出土 1 件，出土时置于墓主腹部，薄片状，玉器下部有粗糙面，似插于另一器件的饰件。N2Z1M26 出土 1 件，兽面上下对称布置，形状似兽、似鸮，中部各磨出十分规整的平行线状瓦沟纹，与阜新等地收集的兽面“璋”形器在形态上有相近处。

N2Z1M21 出土的兽面玉器（侧、正面）

## 龙凤玉佩

龙凤玉佩发现 1 件，出土于 N2Z1M23，板状，但比一般的板状玉器厚，呈白间淡灰色。龙、凤都为侧面，龙首横置，凤首竖置，都突出头部，简化身尾。凤的冠、目、喙，龙的角、目、鼻、嘴都有清楚交代，各自蜷曲的身尾十分简略且甚短，但两相对靠，设计别具一格，令人叹服。

据研究，这种异种动物合雕的玉器，在中原地区到商代晚期才出现，在新石器时代，只在凌家滩发现 1 例，是 1 件龙凤首玉璜，但较此件龙凤玉佩在形象、工艺上都要简单许多，所以，这件龙凤玉佩是目前发现的最早将异种动物合雕的史前玉器精品，并且其造型和工艺水平都达到相当高度，在玉器造型史上是一个标尺。

N2Z1M23 出土的龙凤玉佩（正、背面）

玉佩长 10.3 厘米，宽 7.8 厘米，厚 0.9 厘米。呈青白色，泛绿。长方形，长边两侧有红褐色间白色瑕斑，应为原玉料的皮壳部分所遗。有正、背面之分，板状体，较厚，稍向背面内弯。正面以减地阳纹与较粗的阴线雕出一龙一凤，都以头部雕刻为主，身体简化。龙首横置，圆目较鼓，吻长，吻端圆而上翘，有圆窝状鼻孔，额与吻边饰有表现皮毛的短阴线，顶后部有两个斜长突尖，应为双角，龙体作外卷状，上颚与角旁的边缘深刻如凹槽，有似系绳的卡槽。凤首竖置，勾喙，喙端甚尖而锐，圆目有外鼓，顶冠以短阴线表现羽毛，背有下垂状的三尖突，应与表现长羽有关，体亦外卷，与龙体相对相接。反面平而无纹。佩体上钻孔较多，中心以一桃形孔将龙凤体相隔，近短边有与龙凤卷体相应的两个圆孔，另短边近侧边的两端各有 1 小孔，都为两面对钻。背面另有 3 组牛鼻状孔。

## 龟形玉

龟形玉共出土4件，其中有3件玉鳖，1件玉龟。玉鳖出于2座墓中，一为N5Z1M1，共出土2件，在墓主左、右手的位置各1件，应当是握于手中；另一件玉鳖出土于N16西侧早于上层积石冢的地层中。玉龟为龟壳的形状，出土于N2Z1M21。玉鳖的纹饰极浅，但有传神的口、目，伸缩有度的头颈和四肢，在体形和细部可区分出雄、雌。玉龟背部有高低起伏的棱脊，延至裙边的数十条隔而不断有整体感的龟背纹，以及简化的首尾符号，都在深度艺术加工中将龟的主要特征十分逼真地凸显了出来。

N5Z1M1 出土的 2 件玉鳖

N2Z1M21 出土的玉龟

### 虫蛹类

虫蛹类玉器，有玉蝈蝈与玉蝗虫各 1 件，做工显粗，却将昆虫鸣叫欲飞的动感准确地表达出来。蛹类玉器有玉蚕（蛹）2 件，蚕蛹以内蒙古巴林右旗那斯台所出为典型，N2Z1M11 所出为简化型。

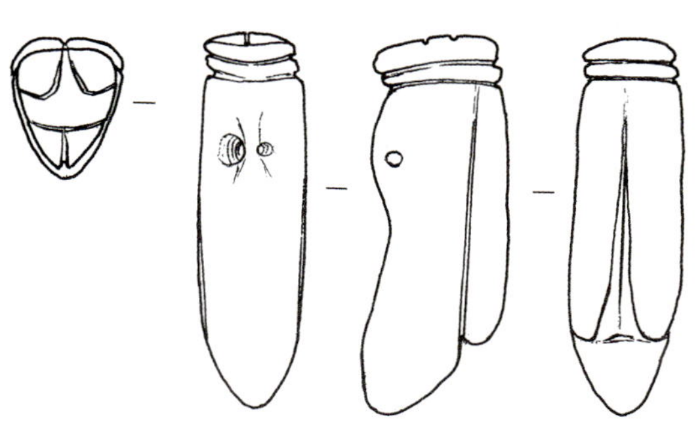

N5Z2M9 出土的玉蝈蝈线图

N2Z1M11 出土的玉蚕（蛹）

## 斜口筒形玉器

斜口筒形玉器曾被称为“箍形玉”，在 16 座墓中共出土了 18 件，出土位置为：8 件枕于头下，8 件置于腰侧或手部以下，N2Z1M25 和 N2Z4M15 各出土 2 件，都是一件枕于头下，另一件置于腰侧。

对其造型与具体功能，说法不一。2007 年，安徽省凌家滩 M23 所出的插有玉签的斜口筒形玉器被定为是用于占卜的龟形器，为破解这类玉器的造型与功能提供了一个新的思路。参考凌家滩的新发现，可以对这类斜口筒形玉器做更细致准确的描述：筒状；横截面为椭圆形；分长面与短面，长、短两面有程度不同的错位，形成一端大斜口，而另一端为平口或近于平口的小斜口；平口径小于斜口径，平口一端小而斜口一端大；大斜口及平口（或小斜口）的边缘皆磨薄似刃；平口（或小斜口）一端近边缘有对称双孔（个别为双缺口），有的还另在短面靠近平口（或小斜口）的一端钻单孔，穿孔位置也与凌家滩所出相同；出土时大都横置，长面为上，置于腰部，平口多朝向头部。以上特点都与龟壳的特征相符合，可视为龟壳的简化形式。近半数斜口筒形玉器出土位置在墓主右侧骨盆处，同大汶口等地墓葬所出实体龟壳的出土位置相同。所以有人认为这种斜口筒形玉器为“龟壳”形玉器。再有学者提出，这类玉器，虽然光素无纹，却用料甚大，掏如此大而长的孔也甚为费工费时，说明这在当时是很受重视的一类玉器。若其造型与龟有关，联系墓葬时有玉龟和龟壳出土，正说明当时选择玉器造型时，对龟类题材的格外重视，以龟体、龟壳、简化龟壳等不同形态同时使用。

N2Z4M8 出土的斜口筒形玉器

N2Z4M15 出土的斜口筒形玉器

N2Z1M4 出土的斜口筒形玉器

这件斜口筒形玉器通长18.6厘米，平口最宽7.4厘米，斜口最宽10.7厘米，壁厚0.3～0.7厘米。呈深绿色，质匀，通体内外磨光，光泽圆润。扁圆筒状，一端作平口，一端作斜口。长面较平而宽，面上稍显内凹。斜口外敞，口缘磨薄似刃状。平口两侧近边缘处各钻一小孔，以由外向内钻为主。内壁及上下端缘有用线切割掏孔的痕迹，应该是由短边中部为起点向两侧切割的。

## 勾云形玉器

勾云形玉器在9座墓中各出土了1件，在第二地点一号冢上发现1件。在N2Z4出土残件1件，N16M13出土残件2件，地层出土残件1件。共14件，板状，以卷勾为主要造型，以形体与造型轮廓走向相一致的瓦沟纹为主要装饰。

造型分单勾型与双勾型两种，各5件，都有正、背面之分。单勾型的背面有钻隧孔。从出土关系明确的N2Z1M14、N2Z1M22、N2Z1M27、N5Z1M1、N16M15这5座墓看，下葬时，无论是单勾型还是双勾型，都为背面朝上。其中，N2Z1M27的竖置于墓主头部左侧，N2Z1M24的横置于墓主腹部，其余都在墓主胸部右侧。将其称为佩饰不准确，应另有特定用途，或与代表权力的斧、钺一类有关。

N2Z1M27出土的勾云形玉器（正、侧面）

长方形，竖高9.4厘米，横宽28.6厘米，最厚0.5厘米。呈绿色，布满白色瑕斑点。有正、背面之分，体平，略弯向背面。两面都有雕纹，正面雕纹较深，近上沿中部有一穿孔。此件勾云形玉器出土时位于墓主头部左侧的左肩以上，为竖置，背面朝上。

## 玉璧

牛河梁遗址有30件玉璧分别出土于11座墓葬中，另外有2件出土于N5、N16的地层中，共32件，其中单璧27件，联璧5件。

玉璧（N16-79M2:5）

单璧有圆形7件，方形2件，其余18件为方圆形。玉璧的内、外缘都磨薄似刃，璧面明显鼓起，璧端常钻单孔或对称的双孔，未见有璧缘平齐、璧面平整的玉璧。由于多数红山文化玉璧为方圆形或方形圆角式，且多有钻孔，与各地常见的璧面平整的正圆形璧有较大差异，故有学者对这种方圆形璧是否为璧类存有怀疑。如果从其出土状况来看（如第二地点Z1M21为身下置璧），或从与其形制相近的圆形璧来看（如第二地点Z1M7所，以及3件都为圆形璧和有3件圆形璧无钻孔），它们仍应属璧类。

N16M1出土的三联璧

联璧在牛河梁遗址出土有一定数量：第二地点Z1M21出土双联璧2件，第五地点地层出土双联璧1件，第十六地点M1出土双联璧和三联璧各1件，共6件。可见，这种联璧确实是红山文化玉器的一个重要特征。

## 装饰性玉器

### 环形玉

主要为玉镯和玉环，都为正圆形。玉镯在17座墓中出土，共23件，其中有6座墓各出2件，其余墓为单件；玉环在19座墓中出土，共33件，其中1座墓出3件，7座墓各出2件，其余墓各出1件。玉镯出土时有套于手腕的实例，有男性单镯套于右腕、女性双腕各套一镯的规律。玉环的形体小于玉镯，多成对出现，有的材质、大小完全相同，应是在一块玉料上做成坯料后切开加工而成的。玉镯、玉环同出土的墓有4座。

N2Z1M21出土的玉镯

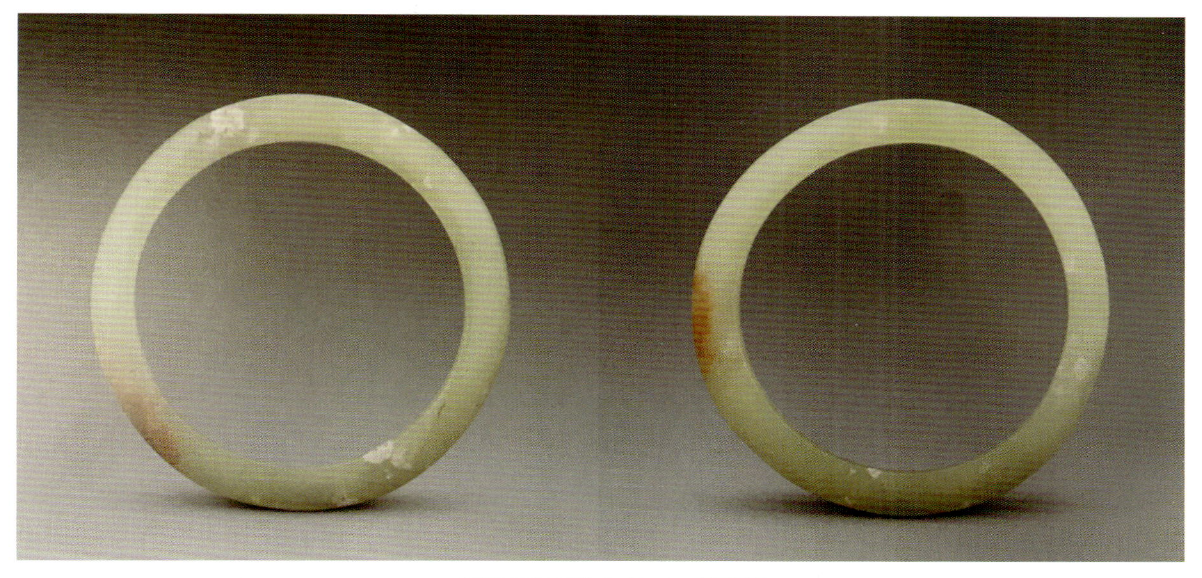

N2Z4M15 出土的 1 对玉环

这类玉镯与玉环虽造型简单，也无纹饰，却可能因经常佩戴于外，大都选用几无瑕疵且足够尺寸的玉料，如第五地点 Z1M1 出土的高体玉环（又称鼓形玉箍），通体纯净，选料的要求更高。所以，环与镯也是当时颇受重视的玉器种类。

N5Z1M1 出土的鼓形玉箍

箍孔径 6.1 厘米，高 4.2 厘米，箍壁最厚处 0.9 厘米。出土于墓主胸部。呈黄绿色，质甚匀，内外磨制圆润光滑，只略有裂纹，隐见瑕斑。

### 珠形玉

珠形玉在 4 座墓中出土了 5 件，加上 N5 地层所出 2 件，共 7 件。形状如一种管状珠，个体较大，两端平面多呈方圆形，端面常磨出凹面，体中束腰，有如椎骨。N2Z1M21、N3M7 都单独出于胸前的正中，可知也是一种较为重要的玉器种类。

N16-79M2 出土的珠形玉

### 耳坠

共 5 件，出土于 3 座墓中。材质为绿松石，绝大多数附背面黑色皮。出土时置于耳旁，应为耳坠饰品，N2Z4M2、N16Z1M4 的耳坠饰品成对出土，N2Z1M23 为单件，可推测应有单耳坠。

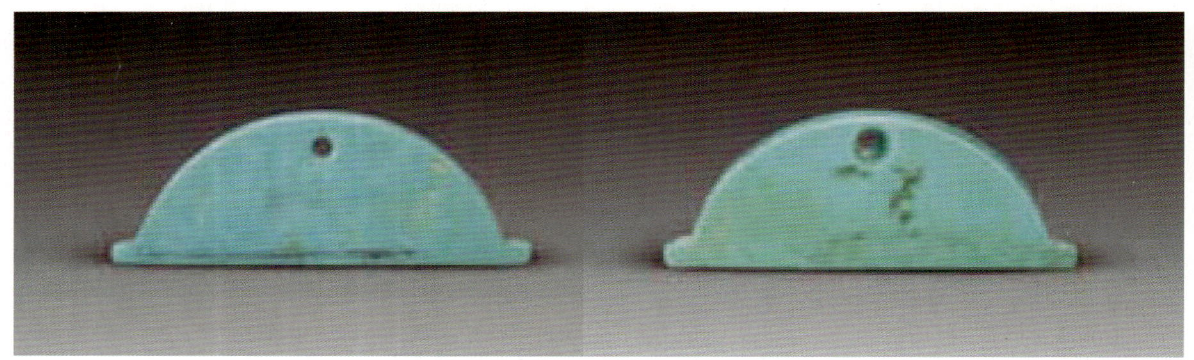

N16Z1M4 出土的绿松石坠饰（N16Z1M4:7）　N16Z1M4 出土的绿松石坠饰（N16Z1M4:8）

### 三孔玉梳背饰

共出土 2 件，一件为人首形，一件为兽首形，都为圆雕的三环式。玉器的两端有装饰，底边有内收变窄并穿孔的榫，推测为复合器。N2Z1M17 的玉梳背饰出土时压于墓主头下，有专家认为与装饰作用有关。

N2Z1M17 出土的人首形三孔玉梳背饰（侧、正面）

## 特形玉

### 棒形玉

这件玉器只在牛河梁遗址第十六地点 M1 中出现，呈尖锥状。出土时位于墓主人腰部左侧，玉器尖部朝下，可知这种棒形玉与随身系带或手握有关。棒形玉在辽宁阜新胡头沟也有出土，其端部做出斜面。这类棒形玉都较长，应该是选用大块玉料制作而成的。

### 玉贝及其他

以玉仿贝形，两面磨制，体扁平，背有钻孔，应与饰件有关。

### 印章式玉器

N2Z4H1 出土的印章式玉器为黑色滑石质，体小而规整，高 3.4 厘米，底边宽 0.55 ～ 1 厘米，体宽 0.5 ～ 1.1 厘米，厚 0.35 ～ 0.45 厘米。磨制，表面光滑，两侧边各显数道划线痕。有长方形底面、长条状器体和对称的 3 个凸尖的顶部，顶部与器体之间有一细纽带状的凸棱，总体形似一印章。

N2Z4H1 出土的印章式玉器

## 遗址区采集的红山文化玉器

从 1981 年文物普查发现牛河梁遗址第二地点，到 1983 年牛河梁遗址考古发掘正式开始以来，不断从当地和附近村民中征集到红山文化玉器。这些玉器虽已不能确认具体出土地点，但大都为遗址区内诸地点所出，个别为遗址区以外建平和凌源两地之间所出。这批征集的红山文化玉器共 13 件。

## 标本 1：勾云形玉器

这件玉器是 20 世纪 40 年代从当地村民中收集而来的，现藏于辽宁省博物馆。玉器呈淡绿色，长方板状，由中心及四角卷勾组成（缺一卷勾）。有正、背面的明显区分，正面有随卷勾磨出的浅瓦沟纹饰，背面较平整，无饰纹，也无缀孔，只从长边的 1 个侧边到中心卷勾有 1 条中间宽、两端尖的阴刻线。

## 标本 2：斜口筒形玉器

该玉器是 1981 年 4 月 8 日征集于辽宁省建平县马家沟村民马龙图处。通长 16.3 厘米，平口最宽 6.7 厘米，斜口最宽 8.1 厘米，壁最厚 0.7 厘米。呈深绿色，有红褐色瑕斑，瑕斑处遗有原玉料岩面凹坑。一端为宽敞的大斜面，斜口端磨成薄似刃的内斜面，另一端平口较窄，平口边略向内凹，端面磨成薄似刃的外斜面。平口近边两侧未见钻孔，却在边缘做出对称双缺口；内壁一侧有上下直通的弧形凹槽，为用线切割掏芯时所遗痕迹。内壁正中还有一规整而甚小的圆洞。

## 标本 3：斜口筒形玉器

征集于辽宁省建平县富山乡，现现展于朝阳牛河梁遗址博物馆，为深绿色玉。

## 标本 4：双联玉璧

1981 年征集于辽宁省建平县马家沟村。玉器长 12.8 厘米，最宽 8 厘米，厚 1 厘米，上孔径 1.4 厘米，下孔径 2.1 厘米。白色蛇纹岩质，表面泛黄色。边缘遗有似原玉类岩面的凹坑点，通体磨光，较为光泽。上璧近于圆三角形，下璧近于正圆形，两璧孔都为两面对钻，甚规整。整个璧体较圆厚，边缘磨薄。

## 标本 5：龙形玉

20 世纪 70 年代征集于辽宁省建平县境内。宽 10.7 厘米，高 15.6 厘米，厚 4.2 厘米。白色，质匀，通体磨光，一面有大片剥蚀。环体较厚，缺口处未切断，内缘相连。玉猪龙上有大小两个孔，都为两面对钻，大孔内可见明显中脊，小孔壁有捏钻的弦纹。玉猪龙头部甚大，约占到器体的一半，有短立耳，面部以流畅的阴线雕出目、口、齿及颚与吻上的皱褶，其间配以减地阳纹式的瓦沟纹，整体造型十分规整。

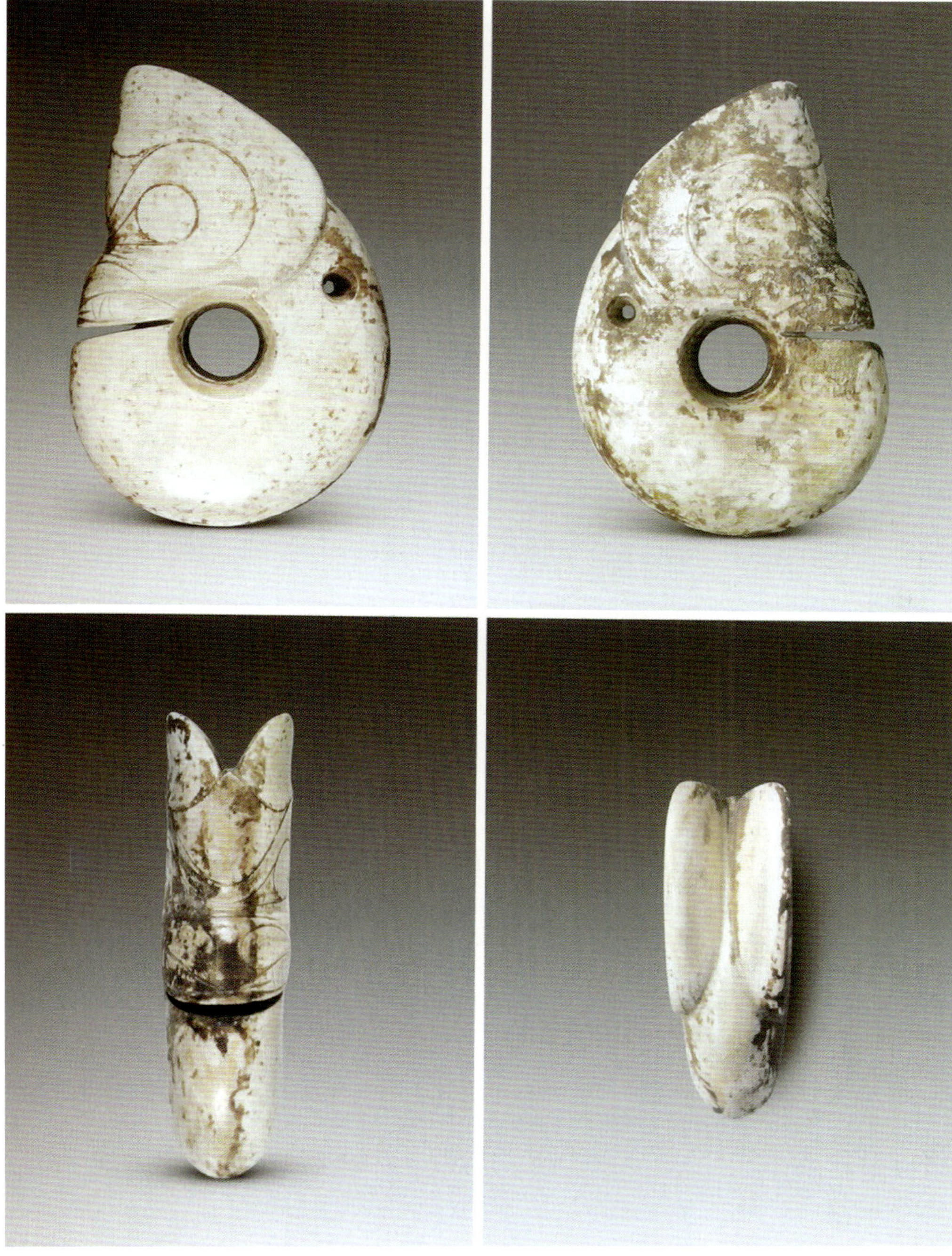

## 标本 6：斜口筒形玉器

20 世纪 80 年代征集于牛河梁遗址区。通长 18.9 厘米，平口最宽 7.8 厘米，斜口最宽 10 厘米，最厚 0.95 厘米。玉器呈白色，通体磨光，有大面积剥蚀痕。体扁，一端为平口，另一端为斜口，斜口端外敞，长背面微显内凹。平口长径两侧各有一小孔，其中一孔是由外向内单面钻成的，另一孔为对钻孔。平口和斜口的口沿均从内向外磨薄似刃。外形规整，壁匀称。

## 标本 7：龙形玉

1984 年征集于辽宁省建平县张福店村。宽 10.2 厘米，高 14.1 厘米，厚 4 厘米。淡绿色，一面大部分为黄色皮壳，另一面耳部有裂纹，近底部有原玉料所遗凹坑点。环体，较扁平，缺口处未切断，内缘相连，切口为平口，切面也经打磨光滑，大小孔都为两面对钻。以阴线刻出目、鼻，线条粗细不匀，中部线条较粗，由中部向两侧渐由粗到细，且线条较短，有多处接头，有的接头或错开、或相交，显草率。

## 标本 8：环形玉器

20 世纪 80 年代征集于辽宁省建平县庙后村村民王振铎处。据王叙述，此件玉器是他童年（约 20 世纪 30 年代初）牧羊时，于村南铁路涵洞下的小河泥沙中拾得。这条小河与切断第二地点一号冢的近代排水沟想通，距离 300 余米。此环形器外径 11.9 厘米，内径 6.2 厘米，厚 3.4 厘米。黄绿色，有深褐色瑕斑，通体磨制，有光泽，形体规整，正圆形，环体较高而厚重，内缘面甚平，外缘面略鼓。

## 标本 9：玉璧

外径 4.5 厘米，内径 2 厘米，厚 0.3 厘米。淡绿色，稍泛黄，有片状瑕斑，磨制较精，内外缘磨薄，体面较平，边缘一面钻单孔。

## 标本 10：玉璧残件（2 件）

质地相同，应为一个个体的残件。其中 1 件残长 3.4 厘米，宽 2.8 厘米，厚 0.3 厘米。白玉，半透明，质匀，磨制精。方圆形，内缘圆，边缘磨薄似刃，璧面较薄而平。

## 标本 11：残玉件

长 4.1 厘米，宽 3.4 厘米，厚 2 厘米。黄绿色，块状，两面有磨光，磨光面一平一鼓，另有 3 个残断面，原器物形状不清。

## 标本 12：勾云形玉器残件

横长 6.2 厘米，竖高 9 厘米，厚 1 厘米。黄绿色，边有褐色斑。通体磨光，板状，体较厚，边角部位已不起卷勾，有正背、面之分，正面浅瓦沟纹随形走向，背面内侧有宽而深的刻槽。

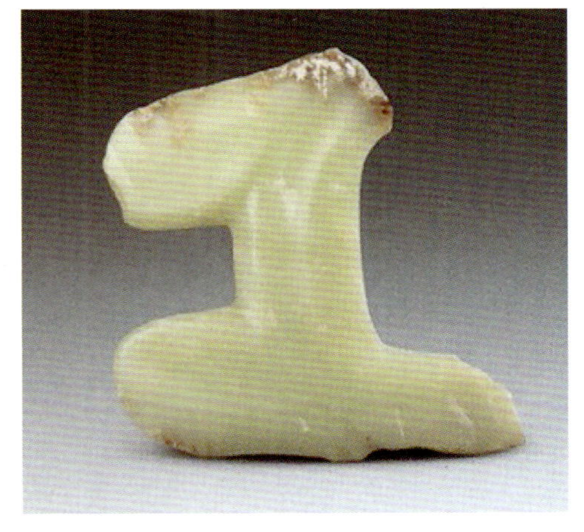

## 标本 13：勾形佩饰

长 6.1 厘米，高 2.5 厘米，最厚 0.4 厘米。深绿色，有条状瑕斑，通体磨光。体小，扁平，似勾云形玉器的简化。一长边外弧，正中对钻一孔；另一长边两侧为卷勾，中间直边刻出 6 个齿，甚简。边缘磨薄，面平无纹，只在卷勾处略显瓦沟纹。

# 巧夺天工

玉不琢，不成器。《诗经》中“他山之石，可以为错”“他山之石，可以攻玉”“如切如磋，如琢如磨”的诗句，简单地道出了古人加工玉石的方法。从牛河梁红山文化玉器的精美程度可以看出，当时玉石的加工制作技术已相当先进。5000 年前的玉工们，在思想文化意识的支配下，根据玉料质地、色彩、形状等特点，独具匠心地设计，雕琢出形、色、意兼备的玉器，其工艺流程包括了切割、研磨、雕刻、钻孔、抛光等。

## 切割技术

以锯片切割、砂绳切割与打击技术的配合使用应是红山文化时期分解玉料的常用技术。

### 锯片切割

以石锯等片状工具，在玉料一侧对向切割，当切割到中间剩下很小的连接部分时，再用木槌一类工具轻轻敲击，便可将玉料成功分割。牛河梁遗址出土的片状形玉器均有横向切割痕，如第二地点1号冢27号墓出土的勾云形玉佩，其中间部位就发现一条长达14.6厘米的横向切割痕。其他墓葬出土的勾云形玉佩和片状形玉器也都发现了不同程度的横向切割痕。

香港中文大学锯片切割玉料实验

## 砂绳切割

在器身的边缘位置，以实心钻钻出上下贯通的穿孔，然后以绳加解玉砂背向切割，当连接部位很细时，再用木槌一类工具轻轻敲击，便可将玉芯成功掏出。牛河梁遗址出土的斜口筒形玉器就是典型例证。

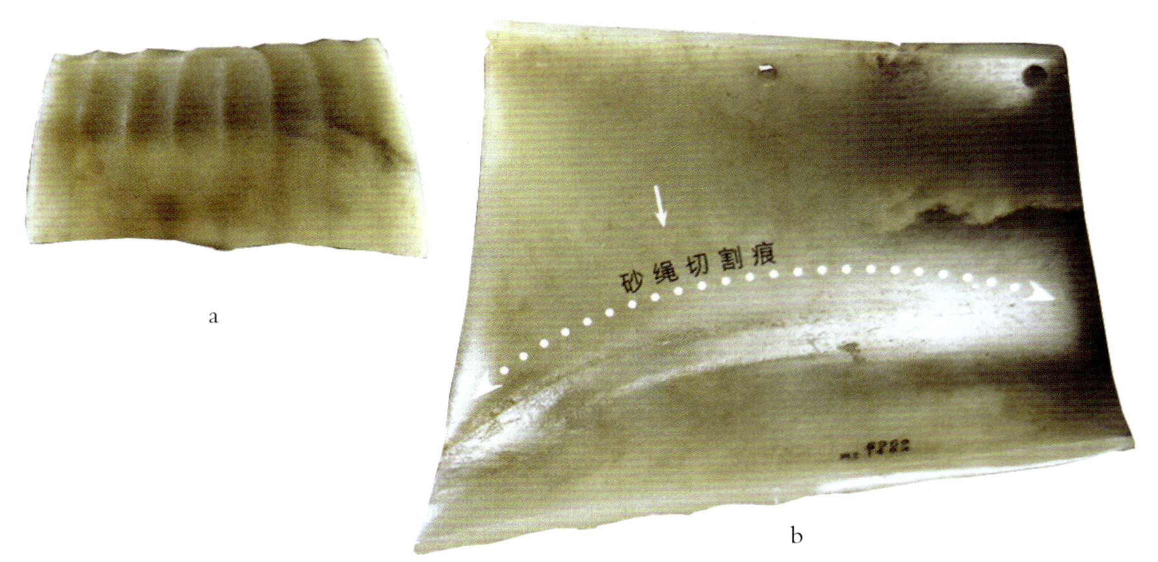


辽宁省博物馆藏玉臂饰（6940/1402）正、背面

a. 正面　b. 背面一侧砂绳切割痕

# 研磨技术

研磨是指玉工手持各种形态的砾石工具，在玉坯表面反复磨，最终呈现出玉器的基本造型的制玉技术。玉工根据需要，选取不同的砾石工具，工具可大可小，可尖可圆，可长可短，可厚可薄，可宽可窄。如牛河梁遗址第十六地点 4 号墓出土的玉人是用一整块玉研磨而成的，制作时，就是选用不同的砾石工具研磨出头部、耳部、颈部、肩部、身躯、腰部、腿部等身体轮廓，然后再开小槽，研磨出双臂部、小腹部、双腿部，最后雕琢出脸部细节，这样才使一个活生生的人形玉器呈现在我们面前。另有一种砾石工具需固定后方可使用，这种砾石往往较大、较重，使用时，玉工手握玉坯，在固定的大砾石平面上反复推磨，研

磨出玉器的基本外形。如玉凤、勾云形玉器、玉璧等都是这样研磨出来的。还有一种带有长条槽状的砾石工具，它主要用来研磨由方变圆的玉器，如第十六地点出土的棒形玉器就是用长条槽状砾石研磨而成的。

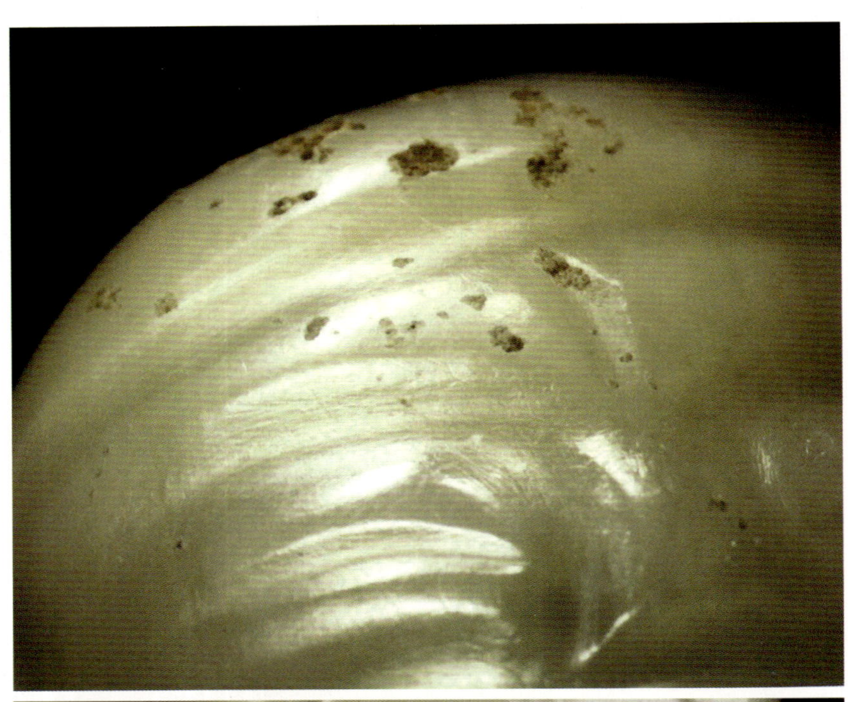

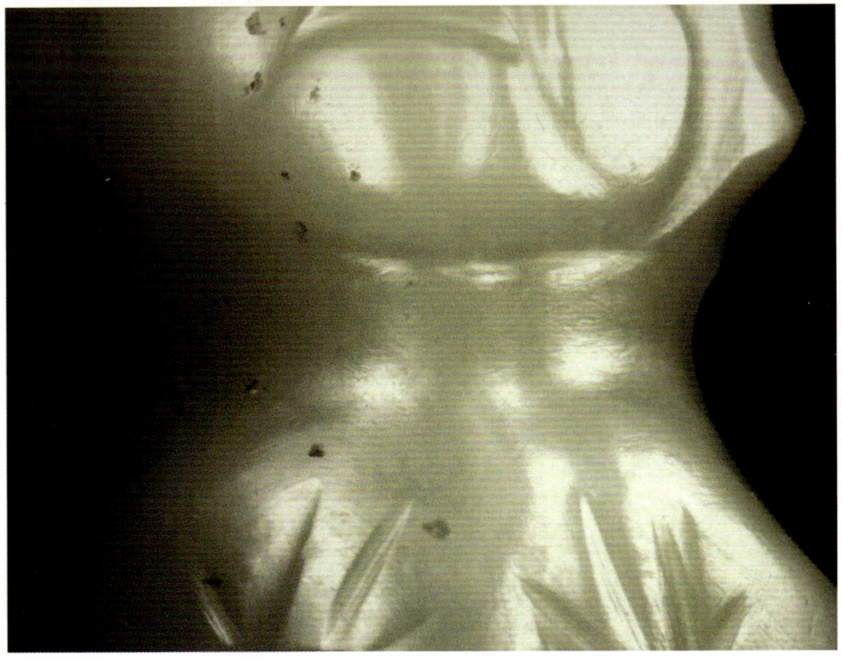

**N16M4 出土的玉人细节**

上图，玉人的额顶、眉和眼部是玉工手持砺石磨出的线状痕；下图，玉人颈部有砂绳切割出的浑圆部位的加工痕迹。

# 雕刻技术

## 镂空

先用实心钻加解玉砂，在需镂空处钻1个或数个圆孔，再将树枝条弯成弓样，一头穿过圆孔，将绳拴于树枝条两端，在定位圆孔处加解玉砂浆，来回拉弓，即成镂空透雕。牛河梁出土的勾云形玉佩的镂空、玉凤颈项镂空就是用这种工艺制作的。

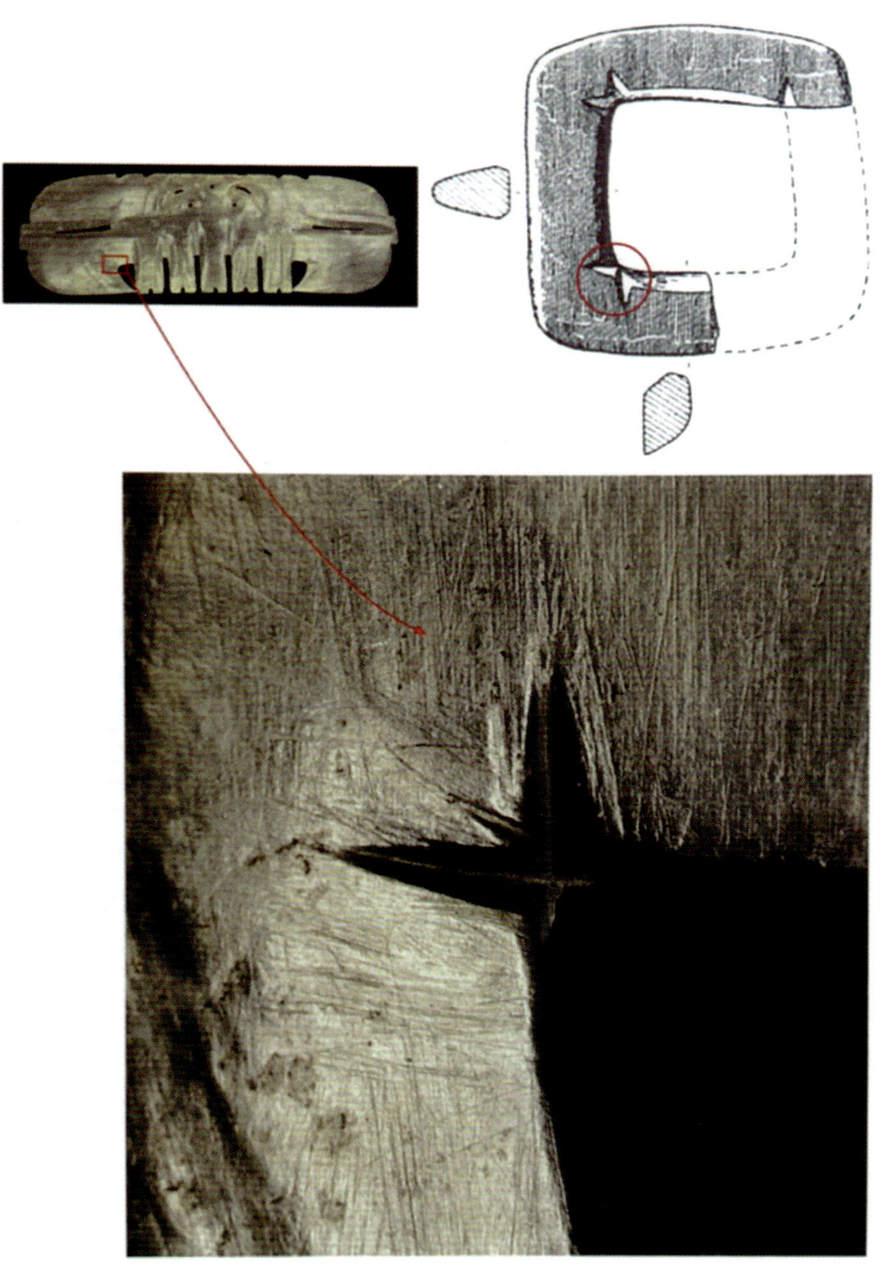

N2Z1M27 出土的勾云形玉器的镂空细节

## 线刻

古玉上的装饰用线主要分为凸起阳纹和凹槽阴纹两大类。5000 年前的红山先民多用阴线雕刻手法来加工玉器，这些玉器形神兼备，妙不可言。如 N5Z2M9 出土的玉蝈蝈就是用阴线刻出翅膀和头部，阴线运用得恰到好处，简单几笔却活灵活现，这样的神来之笔不仅体现了玉器的形似，更增加了玉器的神似。

# 钻孔技术

## 钻孔工艺

牛河梁遗址出土的玉器几乎都琢有孔洞，孔多为圆形，只是大小有别。其钻孔方式主要有 3 种：一是管钻开孔，如玉环、三孔玉梳背饰等；二是实心钻与管钻互用开孔，如玉人背面颈部 3 个孔，其中间 1 孔是用管钻开孔，但没有穿透，两侧的孔则是用实心钻向中间对钻，与中间的孔互通；三是多重实心钻掏膛开孔，如第二地点 1 号冢 21 号墓出土的玉龟腹背中间的凹孔是用多重实心钻在预先设计的圆孔周边钻孔，但不穿透，再用敲击法掏膛后用砾石研磨，最后从前、后两个方向向中间掏膛孔对钻贯通。

a

b

N2Z1M1 出土的玉环

a. 玉环　b. 玉环内缘管钻开孔后的痕迹

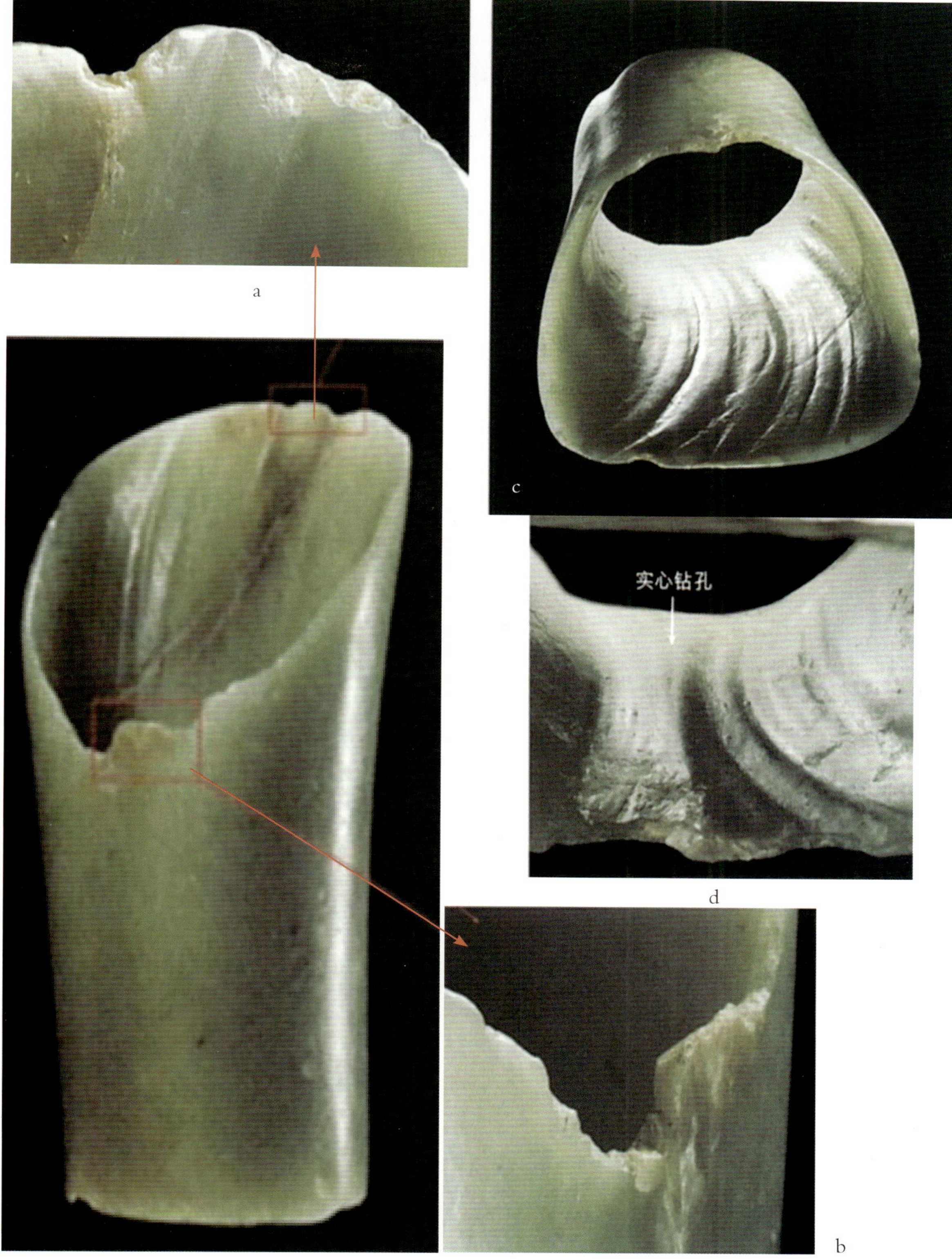


N2Z1M4出土的斜口筒形玉器

a. 口沿明显使用痕 b. 口沿破损 c. 砂绳切割取芯后再打磨平滑 d. 砂绳切割痕迹，箭头所示为中心贯穿实心钻孔

## 钻孔式样

钻孔式样一般有 3 种：一是单面钻孔，这种孔两端孔径大小不同，呈外大里小，孔剖面呈侧梯形，俗称马蹄孔或喇叭孔，孔壁留有刮擦痕或不规则旋痕；二是双面钻孔，这种孔径外部直径大，越往里直径越小，俗称蜂腰眼，孔壁留有刮擦痕或不规则旋痕；三是倾斜对钻成孔，这种孔一般是在器物背面适当位置斜向对钻两个孔，双孔斜入，在深处贯通，因形似牛的鼻孔，亦称牛鼻穿，孔壁留有刮擦痕或不规则旋痕。

# 抛光技术

牛河梁遗址出土的玉器，无论器物大小、长短、薄厚，件件光亮，充分呈现出了玉料的圆润和光洁。其做法是先用细而尖的木质或石质器物顺纹槽研磨，使纹线油亮，然后再用皮革研磨器物表面，令器表光亮温润。

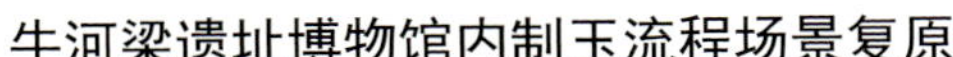

牛河梁遗址博物馆内制玉流程场景复原

# 第五章

## 永续传承

牛河梁遗址自发现以来一直受到各级党委和政府的关注和支持，各级领导亲赴牛河梁遗址考察、调研、指导，对推动牛河梁大遗址保护模式的探索起到了十分重要的作用。2014年，牛河梁国家考古遗址公园建成，它是遗址保护发展的里程碑，开创了遗址传承发展的新篇章。

# 国家考古遗址公园建设

2008 年，国家文物局和辽宁省人民政府确定，以牛河梁遗址 8 平方千米核心区为依托，正式启动牛河梁国家考古遗址公园的建设。2014 年，公园正式挂牌运行，成为辽宁省唯一一座国家考古遗址公园。

牛河梁国家考古遗址公园位于辽宁省朝阳市境内的凌源市和建平县的交界处，是辽宁省唯一一座国家考古遗址公园。公园自 2008 年 11 月启动，主体工程于 2012 年全面竣工，2013 年通过国家文物局验收，被正式列入第二批国家考古遗址公园名单。2014 年，遗址公

牛河梁国家考古遗址公园开放区域规划鸟瞰图

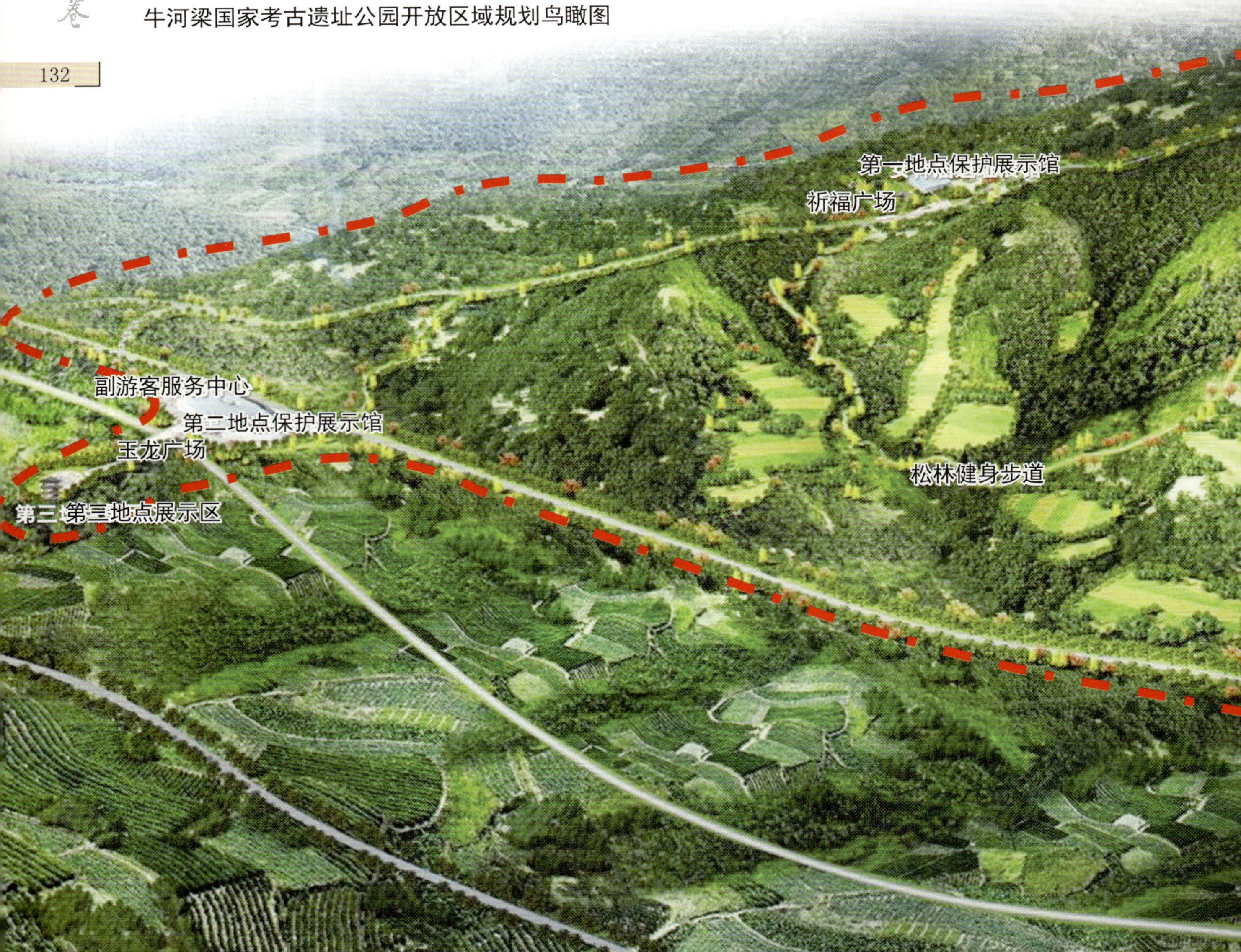

园正式向社会开放。2019 年，牛河梁国家考古遗址公园晋升为国家 AAAA 级旅游景区。

公园占地面积约 8 平方千米（即保护范围的核心区），项目分为文物保护、基础设施和环境治理 3 部分，总投资 5.26 亿元。主体工程包括第一地点保护展示馆、第二地点保护展示馆、博物馆综合馆、红山文化研究中心，16 个遗址点文物本体保护展示工程，水、电、路、桥梁、广场、停车场等配套基础设施工程，101 国道改线工程，企业搬迁、矿坑回填和植被恢复工程，居民搬迁安置等。公园的对外开放区域包括第一地点（女神庙）保护展示馆、第二地点（祭坛、积石冢）保护展示馆、牛河梁遗址博物馆综合馆（红山文化研究中心）。牛河梁国家考古遗址公园是考古遗址保护与展示、人与自然和谐共生的景观，是让公众分享考古科研成果、进行爱国主义教育的基地，是中国乃至世界旅游的重要载体。随着考古遗址公园的对外开放，游客逐年增加。





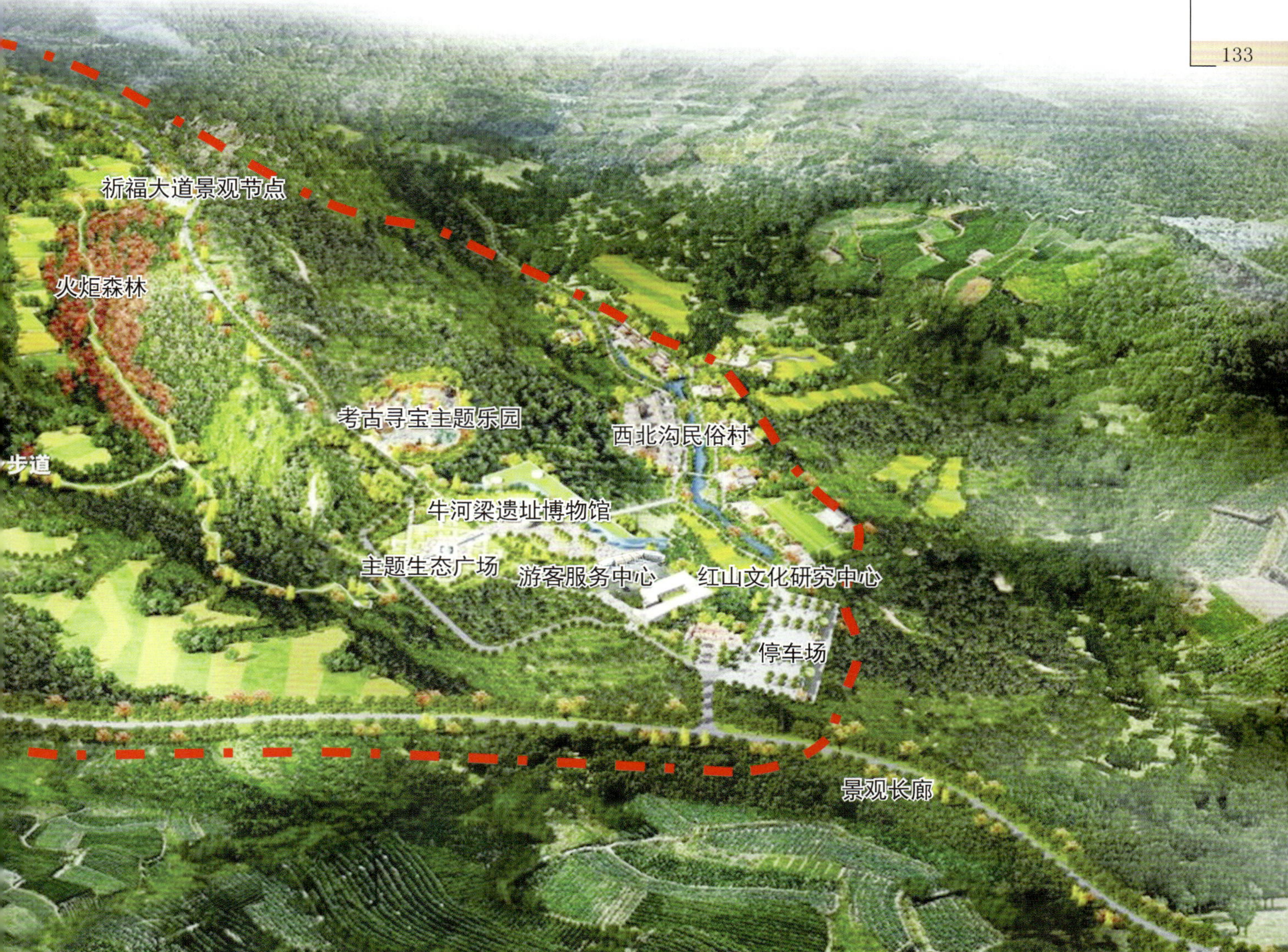

国家考古遗址公园（牌匾）

## 第一地点保护展示馆

建筑面积2100平方米，主体为可逆钢结构形式，外挂玻璃幕墙，设计理念为“悬浮的玉匣”。工程于2009年5月开工建设，2009年12月竣工。

牛河梁遗址第一地点（女神庙）保护展示馆

## 第二地点保护展示馆

建筑面积 7214 平方米，主体为可逆钢结构形式，外挂氧化铜装饰板，设计理念为“变形的玉猪龙”。工程于 2009 年开工建设，2012 年 9 月竣工。

牛河梁遗址第二地点（祭坛、积石冢）保护展示馆

主题广场

主题广场以玉猪龙雕塑为主题，以张忠培先生题写的“牛河梁遗址博物馆”石碑为标志。

## 红山文化研究中心——苏秉琦纪念馆

建筑面积 2400 平方米，工程于 2016 年 5 月开工建设，2018 年 11 月竣工。

苏秉琦纪念馆

## 博物馆综合馆

建筑面积 7169 平方米，为钢构与钢筋混凝土结合，外挂玻璃幕墙、铝合金装饰板，设计理念为“历史长河——璞玉”。工程于 2011 年 4 月开工建设，2012 年 9 月竣工。

牛河梁遗址博物馆综合馆

# 文化传承使命

牛河梁遗址博物馆自成立以来，先后获得“朝阳市爱国主义教育基地”“辽宁省爱国主义教育基地”“朝阳市科普基地”“辽宁省科普基地”等称号，也是辽宁省唯一一座国家考古遗址公园，在“国际博物馆日”“中国旅游日”“中国文化和自然遗产日”等节日实行免费参观等惠民政策；在建军节、教师节等节日期间，针对特定群体实行免费参观，积极为青少年及广大群众开展爱国主义教育活动提供便利条件。这些文化惠民活动让更多的人走进了博物馆，了解中华文明。

## 社教活动

观众有来自本地区周边的幼儿园、中小学的学生，部队指战员，企事业单位工作人员等，也有来自省内外高校、科研单位的团体。他们在参观完牛河梁遗址后，纷纷表示对中华五千年的文明史有了更深刻的认识，了解到在我国北方地区在红山文化晚期已经进入了原始文明的古国阶段，开启了中华五千年文明的曙光之旅。

“朝阳娇子”夏令营成员在牛河梁遗址参观学习

建平县实验中学学生在牛河梁遗址参观学习

朝阳市师专中文系学生在牛河梁遗址参观学习

凌源第五监狱管理人员在牛河梁遗址参观学习

承德北大荒集团员工在牛河梁遗址参观学习

《红山文化玉器》特种邮票首发式

2017 年 4 月 9 日，《红山文化玉器》特种邮票全国首发式及辽宁省第十七届集邮展开幕式在牛河梁遗址博物馆举行。

这些观众走进牛河梁遗址博物馆，接受爱国主义教育，了解中华文明的起源，不仅提高了民众整体素质，还引导人们特别是广大青少年树立正确的理想、信念、人生观、价值观。

# 牛河梁大事记

20 世纪 40 年代，佟柱臣曾在牛河梁地区采集到彩陶片。

1979 年 9 月，辽宁省文物普查喀左队试掘牛河梁遗址以南约 50 千米的喀左县东山嘴遗址。

1979 年 10 月，辽宁省文物普查凌源队试掘凌源三官甸子遗址（后编号为牛河梁第十六地点）。

1981 年 4 月，辽宁省第二次文物普查工作在建平县开始。辽宁省博物馆文物工作队郭大顺和建平县文物管理所李殿福、建平县富山乡文化站赵文彦在建平、凌源交界处发现了红山文化墓地。同年 12 月，孙守道、郭大顺向中国考古学会第三次年会提交论文《论辽河流域的原始文明与龙的起源》，文中说，20 世纪 70 年代，通过在辽宁省凌源三官甸子、牛河梁，喀左东山嘴的试掘，对辽宁阜新胡头沟的清理，以及在内蒙古自治区赤峰，辽宁省朝阳、阜新地区的收集，获得大量玉器，如玉龙、玉龟、玉鸟等，经过确认这些玉器都为红山文化玉器。

1983 年，苏秉琦和来自国家文物局、中国社会科学院考古研究所等单位的专家考察东山嘴遗址，建议把喀左、凌源、建平交界地带作为工作重点。同年 10 月，孙守道率队到牛河梁遗址进行调查试掘，确定 1981 年发现的第二地点为积石冢性质，并发现女神庙遗址，开始试掘。11 月 2 日女神头像出土。之后在附近作考古调查，又发现第三、第四、第五地点，初步确认为这里为一处红山文化遗址群。

1983年，开始试掘第一地点女神庙建筑址，同年秋为遗址保护和修建考古工作站征地、征树。

1983年，发掘第二地点。

1985年5月，邀请中国社会科学院考古研究所薛玉尧、韩悦对遗址进行航拍。同年8月，牛河梁考古工作站初步建成。

1986年6月，辽宁省人民政府为牛河梁、金牛山、姜女石三大遗址的保护与建设召开第一次省长办公会议，将牛河梁遗址公布为第三批省级文物保护单位，确定将遗址本体及周围环境都划入遗址的法定保护范围。

1986年，发掘第三地点。

1986年9月，以“东北考古”为主题的中国考古学会第六次会议在沈阳召开，会后，顾铁符、宿白、安志敏、石兴邦、邹衡等100多位专家到牛河梁遗址考察。

1988年1月，国务院将牛河梁遗址公布为第三批全国重点文物保护单位。

1989 年 4 月，苏秉琦写给北京科学电影制片厂《中华文明曙光》电影系列片拍摄组的信在《中国文物报》上发表，信中说："牛河梁女神像是仿真人塑造，她是红山人的女祖，也就是中华民族的共祖。"

1994 年，对牛河梁遗址进行总体测量。世界银行辽宁省环境保护项目包括牛河梁遗址保护在内的文化遗产子项目立项。英国剑桥大学研究员吉娜·巴恩斯、G. 维特受该项目委托来工地收集论证报告书的资料，9 月写成《环境恢复与建设——牛河梁遗址世界遗产地位建议》，认为牛河梁遗址的女神庙和女神像为世界最早的泥塑类大型纪念像，牛河梁遗址具世界遗产价值。

1995 年 4 月，辽宁省文物考古研究所所务会议议定，着手进行牛河梁遗址资料整理和编写发掘报告的准备工作。5 月，世界遗产预备名单论证会在北京举行，同意将牛河梁遗址列入名单。

1996 年 9 月，国家文物局发出《关于作好牛河梁等重点古遗址、古墓葬勘查测绘工作的函》。

1997 年 3 月，国家文物局文物保护司 25 号文件《关于提名 1997 年申报世界文化遗产项目的函》，牛河梁遗址被列入名单。

1999 年，国家文物局《关于提交申报世界文化遗产项目事》（文物保函 1999-44 号）致函辽宁省人民政府，建议牛河梁遗址申报当年的世界遗产。

2001 年，牛河梁遗址入选“20 世纪中国 100 项考古大发现”。

2002 年 3 月，“牛河梁遗址总体保护规划”在北京举行的专家论证会上通过。该规划于当年和 2005 年分别由国家文物局和辽宁省人民政府批准，入选《考古的故事：世界 100 次考古大发现》。

2003 年，随着牛河梁遗址第十六地点发掘的结束，牛河梁遗址考古工作暂告一段落。

2004 年，牛河梁遗址第十六地点被评为 2003 年度“中国十大考古新发现”之一。

2005 年，国家文物局将牛河梁遗址列为“十一五”大遗址保护重点项目。

2012 年，牛河梁遗址与赤峰红山后遗址、魏家窝铺遗址一起被列入重设的《中国世界文化遗产预备名单》。

2013 年，被正式列入第二批国家考古遗址公园名单。

2014 年，牛河梁国家考古遗址公园运行。

2018 年，“中华文明探源工程”成果发布，确认牛河梁遗址是中华五千年文明史的有力实证。

2019 年，牛河梁国家考古遗址公园被评为国家 AAAA 级旅游景区。

# 学术研究成果

牛河梁遗址自发现以来，就以丰富而珍贵的考古资料震惊海内外考古界，引起众多学者的关注和研究。经过多年的研究工作，呈现出一大批有关牛河梁遗址学术研究成果的重要著作。

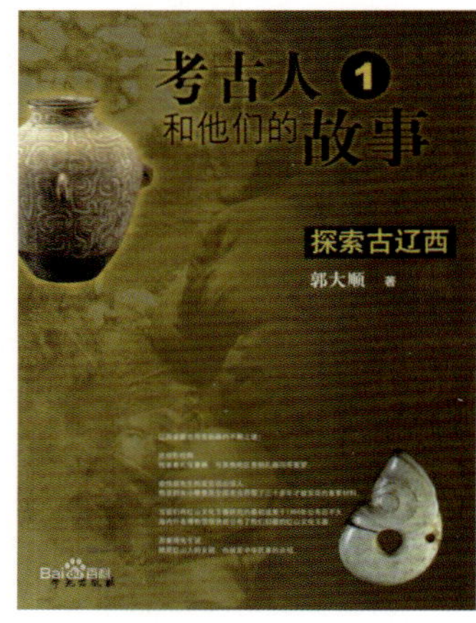